青少年
心理异常与保健

郑晓边 耿北玲 编著

广西科学技术出版社

图书在版编目（CIP）数据

青少年心理异常与保健 / 郑晓边，耿北玲编著. —南宁：广西科学技术出版社，2012.8（2020.6 重印）
（现代家庭教育丛书）
ISBN 978-7-80619-601-4

Ⅰ. ①青… Ⅱ. ①郑…②耿… Ⅲ. ①青少年—心理健康—健康教育 Ⅳ. ①G479

中国版本图书馆 CIP 数据核字（2012）第 192764 号

现代家庭教育丛书
青少年心理异常与保健
QINGSHAONIAN XINLI YICHANG YU BAOJIAN

郑晓边　耿北玲　编著

责任编辑　何杏华　　**封面设计**　叁壹明道
责任校对　陆玉林　　**责任印制**　韦文印

出 版 人　卢培钊
出版发行　广西科学技术出版社
（南宁市东葛路 66 号　邮政编码 530023）
印　　刷　永清县晔盛亚胶印有限公司
（永清县工业区大良村西部　邮政编码 065600）
开　　本　700mm × 950mm　1/16
印　　张　13
字　　数　167 千字
版次印次　2020 年 6 月第 2 版第 5 次
书　　号　ISBN 978-7-80619-601-4
定　　价　25.80 元

前 言

郑晓边 耿北岭

青少年正处在“急风骤雨”式的发育变化时期，他们爱美，追求健康，但健康并不一定伴随他们，生活成长的道路不一定总是平坦。尤其在当今高速变化的社会中，激烈的竞争，升学就业的压力，生活环境的变迁，信息媒体的传播，黄、赌、毒等不良风气的回潮与侵蚀，都会诱发青少年心理和行为的变化，使心理的困惑日趋增多，出现社交退缩、学习困难、自杀和斗殴、吸毒赌博、离家出走……青少年的健康时时刻刻都在受到威胁。

撰写一本时代感强、内容新颖、方法具体、适合青少年阅读的心理保健读物，是我们多年来的心愿。自同济医科大学毕业后，十多年来，我们一直从事青少年心理保健的教学科研和临床工作，经长期合作研究与探索，以及心理咨询和学校门诊实践，积累了许多青少年心理保健工作经验和资料，我们希望能在这些先期研究的基础上，撰写一本实用的读物，把心理保健的深奥理论变成通俗易懂、便于青少年操作的知识，以便帮助他们及时解答心理困惑，促进自身的健康水平。

《青少年心理异常与保健》运用了健康心理学的观点，针对现代青少年常见的心理困惑和问题，从整合视角，分析了心理异常的生理、心理和社会原因，提供了各类心理问题的评估方法和防治措施，讨论了一些社会热点问题，如青少年品行与违法犯罪、考试焦虑和社交恐怖、病态人格与性行为、心身失调等，强调了心理自我保健方法。本书不仅适合青少年自学，也适合广大家长、教师和保健工作者参考。殷切希望本书能成为青少年自我保健的良师益友。

衷心感谢引用文献中的各位学者和在心理咨询门诊中与我们建立了友谊同盟的来访青少年、家长，正是他们为本书提供了宝贵资料。

于武汉南湖之滨

目 录

一、青少年心理健康

1. 人人为健康，健康为人人

人们常说，健康是机体的正常状态。常态的健康究竟是一种什么状态？这要从医学模式的发展中来寻求答案。

人类对健康的探索自古以来就有，随着社会变迁，对健康的理解不断变化。科学意义的健康概念得益于医学的诞生，从医学模式的发展中可以清楚地看到人类对健康的逐步认识过程。医学模式是指人们观察医学问题的思想与行为方式，它是人类与疾病作斗争、获取健康和防治疾病经验的总结，是人类生命观、疾病观和健康观的概括。医学模式的发展大致经历了神灵模式、机械模式、生物模式和生物一心理一社会模式几个阶段。过去认为，生命和健康是由上帝神灵主宰的，人们只有用祈祷来实现健康，后来认为人体好似一部机器，疾病是因为某部分“零件”发生故障，要健康就得换掉失灵的部件。直到19世纪后，人们才进入生物医学模式时代，开始认识到疾病是生物因素引起的，健康就是无病，是人体、自然环境和生物病因三者之间的平衡，防治疾病就是要通过预防接种、杀菌灭虫和抗菌药物来消灭生物性病原体。20世纪50年代以后，随着疾病谱的变化、传染病减少和慢性病增加，人们逐步认识到疾病与健康受到多种因素的影响，从而提出了生物一心理一社会医学模式的概念，即从人的生物、心理、社会的整体因素中去研究健康与环境的关系，更全面、深刻地认识疾病与健康的本质，健康就是人与生物、心理、社会环境之间的平衡。

世界卫生组织1947年给健康下的定义是："健康是身体、心理和社会方面的完善状态，而不仅仅是没有疾病和虚弱现象。"身体健康是指人体结构完整、生理功能正常；心理健康主要是指人的心理与行为统一、人格稳定和心理与环境协调；社会健康是指人的社会适应良好，具有较强的社交能力、工作能力和广博的文化科学知识，胜任个人在社会生活中的各种角色，取得成就，自我实现。近十年来，有人还将道德健康作为一个重要维度分离出来，强调人与人之间、人与社会之间的行为规范要"无私、利他"。

世界卫生组织关于健康的定义虽被广大公众接受，但仍有不少人提出质疑，认为这个定义过于抽象和保守，因为"完善状态"难以确定。现代人不再满足于"维持"良好的身心状态，而是要"促进"健康，提高身心和社会方面的适应阈值，创造更加完美的环境质量和生活质量，能愉快、幸福地生活、学习和工作。健康者要减少对医生的迷信和依赖，学会家庭保健和自我保健，降低自我创造的危险性，消除不良行为习惯和负性情绪状态。健康者在无病时也要主动预防，经常锻炼，增强体质，讲求合理营养，正确安排作息时间，创设良好的家庭物质与精神环境，提高教育水平和文化素养，懂得丰富的卫生保健知识。这种"理想化"的健康状态受到社会经济、文化诸方面的制约，需要整个国家、社会和公众的共同努力才能逐步实现。

人人为健康，健康为人人。健康不仅是人的理想常态，也是人类的基本权利，是国民经济和社会的发展目标，民强才能促国富，有了健康的国民素质，必将极大促进社会的物质文明和精神文明建设，使人类生活质量走出良性循环。

2. 健康行为是什么

人的行为是机体和心理的外在表现，健康的状态主要是通过正常行为反映出来的，因此，越来越多的人把行为当作衡量人健康的重要指标。究竟什么是行为？什么是健康行为？人的行为和健康有什么关系？这些都是理解健康本质的前提。

行为主义学家把行为定义为人或动物对刺激的反应，心理学家勒温把人的行为看成是人与环境的函数，现代心理学家把行为看做是人在主客观因素影响下产生的外部活动，包括有意识和无意识活动，在正常情况下，人的行为是有意识的。有人提出科学的行为定义有三层意思：一是表示一种活动过程，二是表示一个人当时所处的状态，三是表示一个人所具有的某种行为特征。

人的行为丰富多彩，我们关注的是与健康有关的行为，它们包括健康行为、常态行为、反常行为、健康危险行为、健康促进行为、患病后行为等。健康行为是人在身体、心理和社会方面都正常的行为表现，是一种理想的行为，象征着人类行为的方向，在现实生活中，人们只能尽量接近这种理论标准，却永远达不到这一标准。常态行为是统计学中的概念，即指95%的人都有的行为表现；反常行为是指分布在常态行为范围以外的行为，常态和反常的划分只有相对意义，无绝对界限。常态行为并不等于健康行为，比如一个小群体中有时会都倾向斗殴，这是不利于健康的。相反，某种反常行为有时会具有健康意义，如戒烟者在吸烟群体中就具有健康促进的表率作用。健康危险行为是指对人的健康有危害的各种行为，如过度紧张、挑食、斗殴、吸毒、抽烟和酗酒等。健康促进行为是指那些有利于人健康发展的行为，如合理饮食、适度锻炼、劳逸结台、修身养性等行为。疾病后行为是指病后患者所具有的行为特性、行为状态和行为过程，它们分为特异性和非特异性两部分，前者是某种病的特征表现，后者是指各类疾病所具有的共同表现，如恐惧、焦虑、否认、绝望和濒死表现等。准确理解上述各类行为的涵义，对消除不良行为和建立健康行为有重要意义。

如上所述，健康行为是指人的身心和社会方面均健康的外在表现，躯体健康的人行为反应灵活，活动精力充沛；心理健康的人情绪活动有较强的自控能力，思维言语符合理性，精神面貌正常；社会健康的人其行为符合社会规范。健康的行为不会给自己或他人乃至社会的健康带来危害，具有健康行为的人能够及时准确地感受外界环境条件的改变，恰当调整自己的行为，这是健康行为的重要动态特征。

行为还对自身健康发生影响，在完成行为的过程中，行为本身会造成心理负荷超载以及行为未达目标的心理挫折，从而影响人的健康，如考试紧张行为，就是一例。考试太难，自己又力不能及，会在完成考试的一系列行为中产生巨大的心理负荷，一旦考试失误，又产生强烈的挫折感，进而通过神经、内分泌等一系列过程，对健康产生不利影响。一些不良的饮食行为如过食、偏食等还会影响人的生理代谢功能。

行为还对他人的健康发生影响，个人的行为是构成他人心理社会环境的重要成分，因此，个人的行为会对他人的心理情绪和社会特性产生巨大影响，如自杀行为会引起亲人的悲痛，诽谤行为会使对方社会名誉受损或因遭受强烈的刺激而精神失常。

行为对环境和社会的健康也有影响。不卫生的行为习惯会污染环境，而凶杀、斗殴、吸毒等行为也会污染社会环境，从而使公众的健康受害。

可见，行为可损害健康，也可促进健康。认识行为与健康的关系，可以更好地理解和预测人的行为，为促进人的健康服务。

3. 如何判断心理的健康与异常

健康心理一旦变化，就会向异常方向发展。心理异常的实质是大脑生理生化功能障碍和人与客观现实关系失调的基础上产生的对客观现实的歪曲反映。所谓功能障碍，在医学上常常是指那些与器质性病变相对的、难以用一般的检查方法证明的障碍，而这些正是心理异常的特征。心理异常与正常之间的划分是相对的，没有绝对界限，受不同社会文化和理论流派的影响。生活实践中常常采用以下标准：

一是根据个人经验标准。人的心目中实际上都有一种主观标准，即根据自己的经验或体验来判断自己或他人心理活动是否异常，比如遇到高兴的事感到悲伤、遇到痛苦的事反而高兴，这不能不说是一种异常。医师可以根据自己的临床经验对病人的心理作出判断。显而易见，运用经验标准必须有个前提：判断者要健康并具备一定的专业素养，否则，判断会黑白颠倒，如精神分裂症患者是难以判断自己和他人的，“否认自己有病”的主观体验正是异常的表现。经验标准因人而异，主观性大，即使专家，在运用中难免出现失误，这在实践工作中是有许多教训的，为了避免判断者的偏见，可以采用多位专家评定的办法，取其综合意见。

二是社会文化标准。根据人的行为是否符合一定的社会文化环境、行为准则、道德规范、价值观念、民族传统和风俗习惯来判断心理是否异常是最常用的一种标准。心理异常者缺乏良好的社会适应能力，人际关系差，与养育自己的社会文化环境格格不入。人们有时存在着一定的比较公允的看法，这些看法尽管还不是一种法律规则，但是一种潜在准则，它影响着对人行为的判断，比如称自己是“球长”（统率地球）的人常常被看成“疯子”，因为这违背了社会的潜在准则。应用社会文化标准时，一是将个体的行为与相应的社会文化规模进行比较，二是注意个体的自身变化，看是否有一反常态的现象发生，有时把行为的不可预测看作是变态。需要提出的是，某一文化下的正常不一定是健康的，比如同性恋行为在西方某些国家得到宽容，但却有害于健康；另一方面，某一文化下的不正常行为也可能是有益的，如在宗教黑暗统治时期的科学思想萌芽和实践促进了社会的进步。社会文化标准不是一成不变的，它随着时间的推移和社会的发展有时会出现变化，比如手淫曾被看成是一个严重的精神疾病，而迄今却认为它是一个健康促进行为。

三是症状检查标准。这类标准的一个典型实例就是《中国精神疾病分类方案与诊断标准》，该标准主要是根据患者的症状来确定诊断，其中包括时间量化标准。检查患者的症状常常作为医师们采用的手段。临床检查方法包括医学系列检查和心理测验，可以发现异常的心理症状和体征，如幻觉、妄想、怪异行为等。实验室的检查结果对判断神经方面的病变具有重要意义，而心理测验对确定人的智力低下、病态人格和情绪行为问题具有重要作用。但症状检查标准的局限性是显而易见的，有许多边缘的心理异常者并不表现出典型的症状，有的人平时可能是一位好学生，而在特殊的应激条件下成为偷窃癖或窥阴癖，尤其是人格障碍者在检查中常常有掩饰倾向，使临床观察受限。心理测验固然可以测出一定的人格缺陷，但在测验中的干扰因素有很多，被试的求治动机、测试环境和实施方法、测验工具本身的信度和效度等等均影响测试结果，目前尚没有一种万能的测验工具能对所有的心理异常症状予以确诊。

四是数理统计标准。健康人的心理状态呈一种正态分布曲线，距均值较近的为大多数，称为正常，远离均值的就可能存在异常，常常把均值加减两个标准差作为正常值范围，偏离此范围者为异常。比如面临一场重大的考试，多数人处于中度紧张状态，而那些休克者或无所谓者常常是心理素质较差，难以取得优秀成绩者。偏离均值是否都是异常？这要根据具体情况而定。如智商的均值为100，低于70的人可能是弱智，而高于130者为天才，是超常而不是异常。数理统计标准是一个基础标准，上述各种标准都要应用它。如个人经验中隐含着统计标准，因为经验的形成正是根据生活中的多次体验和大多数人的评价而逐步形成的；

社会文化的常模也是根据统计原理调查建立的；症状评定量表的使用和实验测量资料的分析都要运用统计方法。另一方面，统计也不是万能的，因为心理上的某些特殊感知和信念不可能用纯客观的方法来判断，必须兼用一些定性描述的方法，结合上述各项标准，根据对象的特殊情况，对心理的异常作出更为科学的判断。

异常心理的分类一直是棘手的问题。传统上把异常心理分为心理过程障碍和人格障碍两大类，后来临床上又把它分为神经症、心身疾病、人格障碍和精神病四大类，医学心理学把它分为轻度和重度心理障碍、心理生理障碍、大脑损害所致心理障碍、特殊条件下产生的心理障碍。较为完善的是精神病学分类，如《中国精神疾病分类方案与诊断标准》(参见表1—1)。

表1—1 《中国精神疾病分类方案与诊断标准》

0	脑器质性精神障碍与躯体疾病
1	精神活性物质与其他物质所致精神障碍
2	精神分裂症及其他精神病性障碍
3	情感性精神障碍（心境障碍）
4	神经症与心理因素有关的精神障碍
5	与心理因素有关的生理障碍
6	人格障碍，意向控制障碍（冲动控制障碍）与性变态
7	精神发育迟滞
8	儿童、少年期精神障碍
9	其他精神障碍及与司法鉴定和心理卫生密切相关的几种情况

4. 青少年心理健康标志

心理健康包括哪些维度？有否心理健康的标志？这些一直是人们关心的话题。总的看法是，心理健康只有相对标志，没有绝对界线，只有量的变化，没有质的区别。从心理不健康到心理健康两极之间，是一个延续的频谱带，有人称之为黑白两端之间的灰色带，要在哪个地方画上一条绝对界线都是困难的。从实践中讲，没有心理健康的标志，就无法判断人的心理健康状态，更谈不上心理卫生防治。因此，多年来人们一直在孜孜不倦地探索这些标志。根据青少年心理发育特点，心理健康标志可包括以下八个方面：

(1) 智力正常。智力正常是人们生活、学习和工作的基本心理条件。智力一般是指人的观察力、记忆力、想象力、思考力和操作能力的综合。人群的智力呈常态分布，即天才与智力低下者是少数，大多数人处于中间状态。心理健康的人智力是正常的，智商多数在 85～115 分之间，他们能够适应生活，与周围环境取得平衡。智力低下者社会适应能力差，常常不能适应集体生活与学习，心理压力大，健康难以维持，需要特殊的教育和护理。

(2) 情绪稳定。情绪稳定表示人的中枢神经系统活动处于相对平衡的状态，愉快的情绪反映出人的身心活动和谐与满意。心理健康者能协调、控制自己的情绪，保持心境良好，乐观、开朗、满意的情绪状态占优势；而情绪异常往往是心理疾病的先兆。

(3) 意志健全。意志是自觉地确定目的，并根据目的来支配和调节自己的行动、克服困难的心理过程。意志健全表现在意志行动的自觉性、果断性和顽强性上。心理健康者在活动中有明确的目的性，并能适时作出决定而且自觉去执行，还能够保持长时间专注的行动去实现既定目标。意志不健全的人挫折容忍力差，怕困难，违拗，做事三心二意，注意力不集中，缺乏自控力。

(4) 行为协调。行为协调是指人的思想与行为统一协调，行为反应的水平与刺激程度相互协调。心理健康者行为有条不紊，做事按部就班，行为反应与刺激的程度和性质相配。而非健康者在行为表现上前后矛盾，思维混乱，语言支离破碎，做事有头无尾，行为反应变化无常，为一点小事可以大发脾气，或是对强烈的刺激反应淡漠。

(5) 个性良好。个性是人独特的心理特征，具有相对的稳定性。性格是人的个性中最本质的表现，性格良好反映了个性的健全与统一。心理健康者个性相对稳定，性格开朗，热情，大方，勇敢，谦虚，诚实，乐于助人；而心理不健康者个性多变，性格不良，表现出胆怯，冷漠，吝啬，孤僻，敌意，自卑，缺乏自尊心。

（6）自我意识正确。自我意识正确主要指自我评价符合实际，有一定的自尊心和自信心，能正确认识自己，悦纳自己，自尊自爱，寻求独立性，对自己充满了信心。

（7）人际交往和谐。人际交往和谐是指能与人友好相处，关系协调。人际关系代表着人的心理适应水平。心理健康者乐于与人交往，善于和他人合作与共享，理解与尊敬别人，待人慷慨与友善，也容易被别人理解和接受。心理不健康者不能与人合作，对人漠不关心，缺乏同情心，斤斤计较，猜疑，嫉妒，退缩，不能置身于集体，与人格格不入。人际交往不良常常是心理疾病的主要原因。

（8）心理特点与年龄相符。不同年龄阶段的人具备不同的心理特点，儿童的过于早熟心理和成年的太幼稚行为常常被看做是心理不健康的表现。

5. 内外压力与自我强度

人的心理健康与内外压力和自我强度有关，调查表明，心理健康程度与自我强度呈正比，与内外压力呈反比。

外压力是指外界环境中存在着不良的应激源，形成一种压力，对人的心理产生影响，它包括生理性、心理性、以及社会性的应激源。生理性应激源有生活环境中不适当的温度、湿度、照明、空间和噪音等刺激，长期作用，会导致人的生理上难以忍受，并影响到情绪和行为。调查表明，长期高强度的噪音刺激会使大脑皮层兴奋抑制过程失调，条件反射异常，脑血管功能受损，植物神经功能紊乱，产生头痛、耳鸣、心悸、失眠、嗜睡、乏力、智力下降等症状；在生活空间小的环境中生活的人侵犯性行为增多，焦虑水平高；室内气温过高，会使人头痛、恶心、多汗、视觉障碍、注意力不集中、烦躁不安、反应迟钝。心理性应激源中，不良的人际交往是最重要的，人际之间的关系不协调，会导致人的心理不平衡，当遭受他人冷落和讥笑时，心理压力加剧，如果对方也性格古

怪，脾气暴躁，情绪多变，更会使应激源的强度增加。社会性应激源中，社会文化背景的不良或变化过分强烈，会形成巨大的压力，使人难以适应社会环境，产生不良的情绪体验。社会性应激源有很多，如家庭的突然变故、亲人的去世、父母的离异与再组、经济状况的改变、住房迁移、制度变更等等。

内压力是指人的身心需要未能满足，产生了挫折感，形成一种内部压力，影响到情绪和行为。人的身心需要包括很多方面，在生理需要上，需要一定时间的睡眠和休息，需要合理营养，需要适当的运动，需要漂亮的着装。在心理需要上，需要一定的安全感和受到保护，需要情爱，需要自尊，需要公正与合理的评价，并被他人所接受，需要独立，要自己去解决生活问题，需要成功，通过自己的努力，达到一定的目标，成为一名成功者。这些身心需要如果长期得不到满足，行为的动机不能实现，会产生强烈的挫折感，内压力加大，最后出现一系列心理问题。

自我强度是指个体应对内外压力的能力，这种能力与人的身心素质有关。由于遗传和环境条件的不同，人的身心素质在个体间差异很大，如躯体健康者能正确感知和判断外界刺激，作出恰当反应；而患者体质虚弱，精神萎靡，感知与判断力下降，对环境不适应。个性中的气质特征对自我强度有明显影响，如有的人灵活，行动迅速果断，对周围环境刺激敏感，很快作出反应；而另一些人行动迟缓，反应慢，沉默寡言，或是注意广度和持久性低，反应强烈，手脚不停，易分心，也难适应环境。另外，性格、能力、兴趣爱好、价值观念等都对自我强度产生影响。

二、心理异常的生物、心理、社会病因

1. 心理异常的生物病因

生物学观点认为，心理异常反映着大脑结构与功能异常。大脑皮层的不同区域结构和功能不尽相同，某一区域受损，会出现相应的功能障碍，如左半球受损，会影响人的言语机能，右半球受损会影响人的时空知觉和定向。巴甫洛夫的条件反射学说为心理异常提供了中枢神经系统失调的科学解释，如认为人的高级神经活动兴奋和抑制的基本过程不能协调，会造成大脑机能的混乱，从而影响行为的混乱，人的大脑皮层和皮层下关系失调以及第一和第二信号系统关系失调被认为是心理和行为异常的病理生理基础。随着电生理学和神经生物化学研究技术的发展，目前正逐步认识到大脑边缘系统的机能状态与人的心理行为活动特别是情绪活动相关，边缘系统的一些区域受到刺激和损害，会出现异常情绪反应、注意和记忆障碍等。

神经化学的研究表明，人在各种心理行为异常状态下脑内生化物质有所改变。中枢神经递质的代谢异常，可能是诱发精神障碍的重要原因。如大脑处于抑制状态时，乙酰胆碱含量升高；抑郁症是由于脑内儿茶酚胺机能不足所致；躁狂症是因交感中枢机能亢进、儿茶酚胺机能过剩造成的；血液中去甲肾上腺素浓度升高，会出现情绪高涨状态；人脑中的5-羟色胺含量过高或过低，都可能造成精神障碍，脑内5-羟色胺大量增加时，会出现兴奋现象。神经内分泌学的研究也提出激素对心理的影响，如发现抑郁症患者血浆皮质激素和17-羟皮质内固醇的含量增高；躁狂状态时皮质激素分泌较低；皮质内固醇可引起激越，加重焦虑。

心理异常还表现出一定的遗传现象。通过家系调查、家谱分析、双生子和寄养子研究以及分子生物学、遗传学的研究，一些精神疾病的遗传学病理机制已得到证明，如精神分裂症的家族聚集性远远高于一般人群，可能是由多对基因突变引起；躁狂抑郁症是由某一基因突变引起；智力低下可能是染色体的变异造成。

其他生物因素也有作用，如疾病感染尤其是脑部感染会引起许多心理异常表现，还有肺性脑病、肝性脑病、中毒性菌痢、脑炎等都会导致心理异常；某些药物和成瘾物质能导致心理障碍，如毒品、酒精和烟草；素质因素对心理异常的发生有重要作用，有人认为，生物性躯体损害不能解释所有精神疾病的直接原因，应激和内部冲突只能对脆弱素质的人才诱发疾病，因此，需要考虑人的不同素质因素；另外，躯体在睡眠被剥夺和极度疲劳状态下会降低对应激的抵抗力，出现心理行为问题。

2. 心理应激与应对

心理应激的观点是由心理生理学派提出的，代表人物是加拿大生理学家塞里，他在20世纪30年代就提出了应激适应机制学说，他认为应激是一种刺激物，或是一种反应，是一种觉察到的威胁。目前的倾向认为，应激是个体觉察环境刺激对生理、心理及社会系统负担过重时的整体现象，所引起的反应可为适应或适应不良。以下分别讨论应激源、应激反应和心理应对机制。

应激源是指环境对个体提出的各种需求经个体评价后可以引起心身反应的刺激与情绪，如躯体性应激源，它们是直接作用于躯体的物理化学以及生物学刺激物，噪音、环境污染、工业废气废水废渣排放、采光照明不良、通风采暖不好、疾病流行等等，这些因素均对人类构成威胁。心理性应激源在生活中常见，如人际关系冲突、个人认知缺陷、能力不足、心理需求过高、消极情绪、动机冲突、面临挫折情景等等。人的愤怒、憎恨、忧愁、悲伤、恐惧、焦虑和痛苦等消极情绪若异常强烈或持续过久，会对人的心身健康产生不利影响，使人失去心理平衡和生理机能失调。动机冲突在人的日常生活中也是经常发生的，如双趋式冲突：又想读书，又想经商，二者不可兼得；双避式冲突：不想考试，又怕留级；趋避式冲突：喜欢吃糖，又怕肥胖；还有双重趋避式冲突等。各种动机的冲突造成挫折情境，会使人心情烦恼、不安和痛苦，导致人的心理异常，出现攻击、倒退、固执和冷漠等异常行为。社会性应激源分两类，从社会机构方面看，是指家庭、学校和社区等环境的影响，从社会进程方面看，是指社会结构的变化、家庭不和、父母离异、学习竞争、亲属死亡和自然灾害等影响。文化性应激源有语言、风俗、习惯、生活方式和宗教信仰等，如移民、迁居者会面临更多的应激。

塞里将应激反应称为一般适应综合征，认为它分为三个阶段：一是警戒期，指个体的内部动员以作好应对外界紧张刺激的准备；二是抵抗期，指个体内部防御力量已经抗衡紧张刺激，使生理心理恢复平衡；三是衰竭期，指紧张刺激多而持久，个体抗衡力量衰竭，失去应变能力，产生心身疾病。根据个体对应激的认知评价，可将应激反应分为积极的应激和消极的应激两种，前者表现出注意力集中、积极的思维和动机调整。积极反应有利于机体对传入信息进行正确认知评价、抉择有效的应对策略、发挥应对能力；消极的心理反应是指过度焦虑紧张、情绪激动或低落、认知能力下降、自我概念不清等等，这些反应有碍个体正确评价现实情境、选择正确的应对策略和发挥正常的应对能力。

环境中的应激源如何导致人的心理行为变化？一般认为，应激源经人的认知系统作为中介，通过神经、内分泌、免疫三个主要系统导致人的身心变化，好的变化是机体作出适当调整以适应环境，不好的变化是出现疲劳、头痛、失眠、呕吐、冲动、厌烦等身心症状，重者产生身心疾病。

心理应对是个体对抗应激的一种手段，有人认为心理应对和心理防御机制相同，它来自弗洛伊德精神分析学说的基本概念，都是指摆脱精神紧张状态的心理适应机制，通过调整自身的价值系统，从而改变自己对挫折的认知和情绪反应，以减少精神痛苦，维护自尊心，求得内心平衡。心理应对或防御机制在现实生活中是一种相当普遍的心理现象，它本身不是病态的，但若运用不当或过分，会影响个人对周围社会环境的适应，成为异常表现。心理应对或防御有积极和消极两种作用，积极作用可以暂时解除痛苦和不安，消极作用是一种自欺欺人，因为现实问题并未解决，只能使人逃避现实，或陷入更大的挫折或冲突情境中。因此，选择积极的应对方式、避免消极的防御措施，是处理应激情境、防止身心变态的重要原则。常用的应对方式有以下几种：

（1）升华作用：即把那些意识不能接受或与社会道德规范不容的本能冲动或欲望以改头换面的方式变成高尚的追求，以保持内心的安静与平衡。在升华作用的机制下，原来的动机冲突得到宣泄，可使个人获得成功的满足。如失恋后发奋学习，从事文学创作，在事业上取得很大成就，以消除失恋的痛苦。

（2）合理化作用：又称文饰作用，是以个人需要的理由，来解释对自己不能实现的事实，它是一种自圆其说的编造，其目的是要掩饰自己的行为动机，以合理的言词去辩护偏离正轨的行为。如将考试失败归咎于老师出偏题等。

（3）投射作用：将个人不喜欢或不能接受的自身所具有的性格特点、观念、欲望和态度转移到别人身上，如一位极端小气的人认为人人都自私，这样可以减轻自己的内疚，维护自己的尊严和安全。广义的投射作用还指心理的外在化表现，如把节日的欢乐心情投射为赏心悦耳的鸟语和含笑迎人的花枝。在人格测验中，可以通过投射作用来观察人的内在动机、欲望和情感活动。

（4）压抑作用：即把意识不能接受的、使人感到困扰或痛苦的思想、欲望或经验不知不觉压抑到无意识之中，以便保持心境的安宁。压抑的东西没有消失，只是潜伏起来，一有机会就能重新活动，而影响人的行为，如出现口误、笔误或记忆错误等。

（5）否认作用：这是一种简单原始的无意识防御机制，通过否认，把那些已经发生的令人痛苦的事实变成根本不存在的东西，避免心理上的不安和痛苦。成语中掩耳盗铃的故事就是否定作用的表现，不承认挫折和灾难的发生，使人心安理得，是最省事的办法。

（6）倒退作用：遇到挫折时，运用较原始而幼稚的方法来应对，以取得他人的同情和照顾，避免面对现实问题或痛苦。如“哭得像孩子一样”就是形容某些成人倒退的表现，有人认为，所有心理异常的表现多少都有倒退作用的影响。

（7）补偿作用：用种种方法来弥补身心的某种缺陷，以减轻心理的不适感。如盲人的触觉会变得特别灵敏，口吃的人通过训练成为著名的演说家。过度补偿也会导致心理活动的畸形。

（8）反向作用：即人的外在行为和内在动机表现的方向相反。如一位过分炫耀自己优点的人很可能内心存在着严重的自卑感。人的行为过分，有时恰恰表明他无意识中可能有刚好相反的欲望或冲动。

（9）抵消作用：用某种象征性活动来抵消已经发生的不愉快的事情，好像那些事情根本没发生。如用强迫性扫地行为来抵消工作中的失误，经历过性创伤的人立志“出家”。

3. 心理的内部冲突

心理动力学的观点来自于弗洛伊德的精神分析理论，它强调动力因素的重要性，强调无意识领域中的心理冲突在造成心理异常方面起关键作用，认为人的内在矛盾冲突或情绪紊乱是精神疾病的根源。

弗洛伊德是奥地利的一位神经病学家，他曾学习催眠术的理论和临床应用技术，并与他人合作从事癔症的治疗研究，从实践中他发现病人把恋情（或憎恨）转移到医生身上的所谓移情现象，同时认识到，单纯用催眠术难以处理移情，也不能提高疗效，而运用自由联想和梦的分析等方法，鼓励病人谈话，让其重新体验发病时的痛苦情感，使被压抑的情感引发出来，就能达到治疗的目的。弗氏学说的主要内容有以下几部分。

一是无意识矛盾冲突。弗洛伊德创立了精神分析学说，其核心是无意识的矛盾冲突假说，认为人的大多数行动是一种心理动机冲突的结果。无意识是人的心理结构的深层，它包括原始的本能欲望和冲动，由于道

德、现实和社会文明的约束，冲动和欲望得不到满足，而被压抑到无意识的领域中，它们不断寻找出路，回到意识中去寻求满足，这种无意识的矛盾冲突是各种精神症状的根源。意识是心理结构的表层，主要功能是从心理结构中把那些来源于无意识的本能欲望和冲动排除出去。在无意识和意识之间的边缘部分称前意识，由一些可以经由回忆而进入意识的经验所构成，主要功能是在意识和无意识之间从事警戒，不允许无意识的本能冲动到达意识中去。

二是人格结构。弗洛伊德把人格结构分成三部分，第一部分处于无意识的最深层部分称为本我，它是行为动力的源泉，追求直接的满足，遵循快乐原则；第二部分是意识中的自我，它是从无意识中产生的，指导人的行动采取社会允许的方式满足本我的需要；第三部分是超我，它处于无意识和意识各个领域，代表良心或道德力量，对自我起监察作用，不让其有越轨行为，否则就给予惩罚。人要保持心理正常，就必须依赖人格结构中这三种力量维持平衡，否则会导致心理失常。本我和超我在无意识领域中的矛盾是不可调和的，这种冲突引起焦虑，焦虑又使得各种心理防御机制发生作用，以帮助人保持心理的平衡和安宁。

三是本能与心理性发展。弗洛伊德认为人类有两种本能，一是性本能，一是攻击本能。性本能背后有一种潜在力量称“力必多”，它对人的行为具有推动作用。弗洛伊德把人的心理性发展分为几个阶段，如口欲期、肛欲期、生殖器期、潜伏期和生殖期等，在性心理的发展过程中如果不能顺利进行，停留在某一阶段上或遇到挫折而从高级阶段倒退到低级阶段，都可能造成行为的异常，这是各种神经症或精神病的根源。

精神分析理论提出人的心理异常并不都是由大脑的生理解剖结构损害引起，人的内在心理矛盾冲突也会造成心理异常，这是对心理异常研究的重大贡献，它使得人们开始关注异常表现的动力和内容，从病人内心深处寻找精神疾患的原因。弗氏的理论体系也存在很多缺陷，如过分夸大无意识作用，泛性论，有些原理原则是虚构的，但他的心理动力学观点可以有效地解释某些心理现象，在临床实践中也取得一定疗效。弗氏的许多观点被后来的追随者进行了不断地修订，出现新弗洛伊德学派，其共同观点是强调社会文化的影响而反对本能冲动和泛性论，但在治疗方法上，仍旧采用精神分析技术，如自由联想、释梦和移情分析等。

4. 错误的学习与认知

行为主义心理学家认为，只有对可以观察的行为以及控制这些行为的刺激和强化条件进行研究，才能获得人类行为原则的科学解释。行为主义观点的核心是强调学习在人类行为中的作用。

20 世纪初，俄国生理学家巴甫洛夫提出了条件反射的概念，通过实验使狗产生神经症。美国心理学家华生进一步认为，心理学应放弃内部感觉和其他内部事件等主观概念，而把注意力放在可以客观观察的行为上，从此拉起了行为主义的大旗。桑代克和斯金纳注意到行为发生后会产生某种效果，而这种效果会影响到这一行为再次出现的可能性，这种类型的学习称为工具性或操作性条件反射。行为主义者极端重视社会环境对人格的发展和行为的作用，认为心理异常是过去不良的条件反射经验的结果，可以采用条件反射的方法进行治疗。异常行为是习得的，就可以通过学习原则进行矫正。根据不同的行为学习原则，就有不同的行为矫正技术。

经典条件反射是巴甫洛夫提出的学说，他认为条件刺激（铃声）和无条件刺激（食物）多次结合呈现给狗以后，再单独呈现条件刺激，也会引起狗的唾液分泌，说明条件反射是后天获得的行为。根据行为主义理论，大部分异常行为都是经典条件反射的结果，如有社交障碍的人可能在过去社交活动中有不愉快的经历，受人挖苦和嘲笑，久而久之，形成条件联系，每遇社交场合就紧张不安。其治疗的原则是建立正确的条件反射，学习放松技术，用放松来取代紧张，这就是后来被广泛采用的系统脱敏技术。

操作条件反射是由斯金纳提出的另一种动物学习方式，其特点是用奖励性的手段强化动物的某种反应行为，使其出现率增加。这是一种学会操作的学习过程，被认为是行为改变的通则。强化是指在学习过程中增强某种反应重复可能性的力量，是形成条件反射的关键变量，有正性和负性两类。根据操作条件反射的观点，认为人的心理异常是由于不恰当的行为受到强化的结果。如恐惧学校的行为得到父母的特别关注，允许孩子逗留家中，这种错误强化会固化孩子的恐惧行为。因此，对个体的异常行为不予强化，让其自然消退，或只是强化正确行为，可以使异常行为减少，好的行为增加。

许多异常行为是由于不恰当的泛化或辨别能力缺乏造成的。泛化是指某一反应和某种刺激形成条件联系后，这一反应也会与其他类似刺激形成某种程度的条件联系的过程。辨别是指个体学会对相似的刺激进行辨别，并作出不同反应。正确的泛化和辨别对维持正常心理极为重要。有些人可能把在某种特定场合的害怕泛化为对所有人际交往场所的恐惧，这就是不恰当的泛化或缺乏辨别能力。为此，可以帮助患者对行为进行情境分析，增强辨别能力，做出正确反应。

班杜拉提出了社会学习理论，认为人的行为可以通过观察他人的榜样来学习、建立。异常行为也可习得，如儿童可能模仿父母的行为而产生对狗的恐惧。异常行为患者还可通过观察他人的正常行为来纠正自己的不良行为，如恐水的儿童可以通过观看其他同伴的游泳或水中游戏，逐步消除对水的恐惧。

20 世纪 50 年代起，随着心理学信息加工系统理论的讨论和对极端环境决定论的批评，行为主义观点有了新的发展变化，开始把关注点从外部行为本身转向引起这一行为的潜在认知过程，治疗行为障碍要重在改变患者的不良认知。认知治疗家关注患者的自我言语，因为自我言语是人们习惯用来解释自己经验的方式，如果一个人对自己生活中的大部分事件都倾向于消极解释，其结果就会出现抑郁情绪。异常行为是由于不恰当的内部言语或自我强化所产生的，因此，矫正患者的不良自我暗示和内部言语，用正确的认知取代不良的认知，是认知治疗的基本原理。

5. 自我实现受阻

人本主义观点由美国临床心理学家罗杰斯在 20 世纪 40 年代开始提出，罗杰斯与马斯洛一样，认为自我实现是人类最基本的动机，人是“积极主动的、自我实现和自我指导的”，这是人本主义理论的核心。罗杰斯的人本主义观点包括以下内容：

罗杰斯提出了系统的自我概念，其主要命题是认为每个人都有自己的经验世界，自我是这一世界的中心；个体最基本的动机就是自我保持、自我发展和自我实现；个体对外界的反应是根据他们对外界的知觉方式作出的，并且与自我概念和世界观一致；自我感知到危险后会出现自我防御行为；个体内部趋势是朝向健康和完整的，正常情况下行为是健康和建设性的，并寻求得到个人成长和自我实现的行为方式。

人本主义者强调价值和价值选择过程在指导行为以及寻求有意义的生活方式等方面的意义，认为个体在自己经验基础上形成的价值是最关键的，人们一般不会盲目接受他人的价值。根据人本主义的观点，心理异常从根本上说是个人成长和朝向健康的自然倾向的中断或歪曲，其原因在于防御机制的过分运用使得个体脱离现实，或不利的社会条件以及学习中的失误，或是过分的紧张应激。

人本主义者对人性和人类潜力的看法是积极和乐观的，认为在适当条件下，人类都倾向友好、合作以及建设性的行为，而自私、攻击性和残忍则是人对本性的否认、挫折或歪曲。

罗杰斯拒绝使用医学诊断术语，认为诊断命名会给当事人带来消极影响，由此把病人称为“来访者”或“咨客”。罗氏认为心理异常的起因主要与自我实现趋势受阻有关，适应不良的人不能接受自己的全部经验，必须否认一些重要的感觉和情绪体验，其后果就是维持一种刻板的和防御性的自我，同时排斥那些对整个自我构成威胁的经验。精神病行为也属于与自我不一致的行为，只是冲破了防御过程的控制而已。同心理动力理论一样，人本主义者强调儿童早期不良经历和家庭教养环境对日后心理健康的影响，早期不良经历包括母爱剥夺、父母对待儿童不一致、同胞竞争、惩罚、过分苛求、诱惑、生理性挫折、角色混乱、父母操纵和嫉妒等。对于心理治疗，罗氏创立了来访者中心治疗方法，认为治疗者和来访者之间的良好关系是最有效的手段，治疗者要设身处地理解和接受来访者，相信他有能力认清并解决自己的问题，对来访者要持一种无条件的积极关注和热情态度，言行一致，坦率开放，则来访者就会向积极的方向转变。

6. 社会文化关系失调

心理现象的发生和存在，是由生物学因素决定的，但心理现象的发展和变化方向则取决于社会文化因素。社会文化因素是指社会制度、经济状况、生产水平、阶级差别、民族传统、风俗习惯、伦理道德观念和教育方式等。这些因素和人的心理活动之间形成一种内在、本质上协调一致的关系。人在特定的社会文化关系中形成一定的人格，及其一整套内在的心理品质与行为方式，通过认识、调整和改造能作出相应的适应性变化。当人的社会关系发生变化，而人不能作出相应调整，或作出的变化过于迅速和强烈，超出主体能适应的范围，或主体的人格和心理行为方式发生显著改变，都会出现人的社会文化关系失调状况，并导致心理的异常。

自20世纪初开始，社会学和人类学的研究使人们逐步认识到社会文化环境与心理异常之间存在某种联系，人们观察到，人类的躯体障碍和心理障碍都会随着社会文化环境的变化而发生变化。早期的跨文化心理学研究发现，精神分析理论中提出的行为性驱力并不是全球性的，它只反映了西方社会对性的压抑，西方关于异常的概念也不适宜于某些文化的人群，某一社会是异常的，而另一社会可能是正常的，正常和异常是一个由文化决定的概念。不同的社会文化关系制约着异常心理的表现内容和方式。如美国人常常诉说精神症状或心理问题，而中国人常不愿提及精神症状而是诉说躯体症状；西方发达国家对性的心理行为问题讨论较为开放，而阿拉伯地区的国家则否。不同的社会文化还会造成一些独特的心理异常表现。在文化比较落后的地区，对心理异常患者要么认为是鬼魂附体而加以虐待，要么视若神明，予以膜拜。随着社会文化的背景变化，心理异常的表现也会改变，如改革开放后病人的妄想多与经济和现代科技有关，心理变态常常以下岗的应激以及人际交往等问题居多。

社会文化关系失调的主要原因来自社会生活事件的变化。日常生活中每个人都可能遇到各种各样的生活事件，这些事件对人们的影响是不同的，在一部分人身上会造成社会文化关系的失调，产生情绪紧张和身心疾病。美国华盛顿大学霍尔姆斯教授等人1967年编制了著名的《社会重新适应量表》，把人类社会生活中遭受的生活危机归纳并划分等级，列出43种生活变化事件，并以生活变化单位为量化指标加以评分；任何类型的社会生活变动都能造成人对疾病的易感状态，如配偶死亡、离婚、被解雇等都是对人有不良影响的重要生活事件，这些事件越多，患病的可能性越大。

社区精神卫生服务的发展使心理卫生正成为一项伟大的事业。精神卫生的概念最先由美国学者比尔斯在1908年提出，50年代以后被广泛使用，广义的精神卫生不仅指研究各类精神疾病的发生发展规律，而且要探讨保障和促进人群的心理健康。根据精神病社会学观点，人们认识到，精神疾病虽对社会带来不利影响，但社会本身对心理异常也负有责任，社会缺乏支持和同情、环境不顺利不稳定、重大的社会变动以及都市化、社会阶级和阶层的差别等等社会文化因素都可能成为精神疾病的病因。病人的问题不是个人问题，而是社会病态的反映，因此，对精神病人的治疗应当从病人自身转移到整个社会方面去。社区的精神卫生服务正是心理卫生运动的产物，是生物医学模式向生物—心理—社会医学模式转变的体现。美国学者卡普兰等人于1974年开始了社区精神卫生和社区治疗工作，当时服务的内容主要是改善精神病人的生活条件以及就业和社会福利状况，广设精神卫生治疗机构，建立热心电话、社区精神卫生门诊等危机干预中心，普及和宣传心理卫生知识等。我国的社区精神卫生服务近十年来有了显著进展，许多城市建立了三级精神病防治网（市、区县、街道乡村），各级精神病防治院机构不断完善，工娱站和家庭病床不断扩展，各类心理咨询门诊和热线电话服务如雨后春笋般出现，心理卫生正成为一个伟大的事业，受到全社会关注。

7. 生物—心理—社会观点的整合

前面提到的有关心理异常病理机制的数种理论解释是历史的发展产物，它们对人类的健康发展曾有过巨大贡献，但对某一种理论来说，都不可避免地带有片面性和局限性。在心理治疗实践中，大多数医生和临床心理学家都是自觉或不自觉地采取一种妥协和折衷的观点，只有少数人教条式地坚持一种观点或理论来解释异常心理现象。随着生物—心理—社会医学模式的影响，人类对健康和疾病的本质有了深刻理解，逐步认识到精神疾病绝不会是单一因素造成的，任何心理异常现象的产生都是生物、心理和社会文化因素共同作用的结果，因而出现生物—心理—社会观点整合的趋向。

生物、心理、社会文化因素各自有独特的内容，三者又具有相互联系、相互制约的不可分割的关系。生物学因素是指遗传、体质、体型、神经类型、生理生化和免疫系统的特征等，它是因素群中最基本的因素，是心理学因素赖以产生的物质基础，也是心理和社会文化因素所作用的物质承受者。心理学因素是指人在当时的主观心理状态，在个体发展过程中个体与环境相互作用的经验积累，包括早期和后来的生活经验与人格发展情况，以及认知能力、思维方式、情绪倾向、动机系统、行为习惯、智慧特征、信念和人生观等，心理学因素是在生物学因素基础上产生的，它一旦产生，就时时刻刻给予生物学因素以深刻的影响和制约。社会文化因素包括经济状况、物质生产水平、地理环境、阶级差别、职业差别、性别差别、意识形态、思想感情、风俗习惯、民族传统、道德伦理观念、教育方式、信仰方式、家庭、学校和社会的影响，以及由于社会文化因素所导致的严重应激，社会文化因素是在生物学和心理学因素的共同基础上产生的，它反过来又直接影响和制约着心理学因素，是心理学因素赖以形成和出现的根源所在，它对生物学因素的影响和制约是间接的，一般是通过心理学因素的中介作用才能实现。在人的异常心理行为发生、发展和变化过程中，所有这些因素群是错综复杂地交织在一起而起作用的。人若处在严重应激情境中，同时遭受这些因素群的综合作用，就会导致心理和行为的变态。因此，讨论心理异常的病因，必须用生物、心理、社会文化整合的观点来解释，才能得出科学的结论。

三、心理过程异常表现

1. 感知觉异常

感觉是指客观事物的个别属性通过感觉器官在人脑中的反映。知觉是客观事物作用于感觉器官，其各种属性在人脑中经过综合、借助于以往经验所形成的一种整体印象。感知觉是人最基本的心理过程。感知障碍常见于各种神经、精神疾病，它影响到个体的情绪和行为，甚至会使人惊恐、拒食、伤人或自杀。

感觉过敏是指对外界刺激的感受性增高，如神经衰弱患者可感到阳光特别耀眼，风声特别震耳等。感觉减退与感觉过敏正好相反，对外界刺激的感受性减低，如抑郁患者对强烈的疼痛刺激只有轻微的感觉。对外界刺激无感觉称感觉消失，对外界刺激产生与正常人不同性质或相反的异常感觉称感觉倒错，这两种情况多见于癔症患者。躯体内部产生的各种不舒适或难以忍受的异样感觉称内感性不适或体感异常，患者感到躯体内有牵拉、挤压、游走和虫爬感，但不能明确指出不适部位，可继发疑病观念，见于抑郁状态、精神分裂症和脑外伤后的精神障碍。

错觉是对客观事物歪曲的知觉，客观事物存在，但感知错误。正常人在光线暗淡和暗示等条件以及紧张恐惧或期待等心理状态下产生错觉，“杯弓蛇影”就是错觉。正常人的错觉经验证后可以消除，但变态心理患者的错觉不易纠正，常见错视和错听，如看到猫以为是老虎而不敢动弹，看到象棋以为是糖果欲把它吃掉。

幻觉是一种虚幻的知觉，是在没有现实刺激时而出现的知觉体验。幻觉的内容源于以往感知的痕迹。根据性质，幻觉分为真、假两种，真性幻觉产生于患者生活的客观空间，是通过感官感知的，幻觉形象鲜明，与真实的事物完全相同；假性幻觉产生于患者主观脑内或体内，不通过感官而获得，感知的形象不鲜明生动。幻觉按感觉器官分，有幻听、幻视、幻嗅、幻味、幻触等。幻觉是精神分裂症的重要症状之一，常见的是幻听，否定性幻听是听到别人在议论、斥责和责骂自己，为此苦恼、愤怒和伤人；肯定性幻听是听到别人赞扬和同情自己，从而独自微笑；中性幻听基本上不影响行为；命令性幻听会使患者根据“命令”拒食、毁物、他伤、自伤。幻视者可“看到”光、颜色、各种形象和人物场景。幻嗅常常是闻到不愉快的气味，因此表现出掩鼻动作。幻味是尝到食品中的某种奇怪味道，因而拒食。幻触是感到刀刺、通电、麻木和虫爬感。还有内脏性幻觉，它固定于某一脏器，感到扭转、断裂和穿孔。

感知综合障碍患者能够正确感知某一客观事物的整体，但对个别属性感知歪曲，常见的有：视物变形症，患者感到外界事物的形状、大小、体积出现改变，如脸变长，鼻子变大，眼变小，分别有视物变大症和视物变小症；空间知觉障碍患者感到周围事物的距离发生改变，如车来了，仍觉得很远，从而错过上车的机会；感知综合障碍患者还会出现非真实感，觉得周围事物变得模糊不清。精神分裂症患者对自己躯体结构会感知异常，如感到身体变轻，一阵风会吹到天上去，感到手臂变长，伸手可达屋顶，感到自己脸变丑，为此出现窥镜症状。

2. 注意与记忆异常

注意是心理活动对一定对象的选择性和集中性，它不是单一的心理过程，和记忆、思维、情感、意志和意识相关，被看作是心理活动的一种状态。注意障碍表现在注意的强度、范围、持久性和稳定性几方面。常见的有注意增强，患者表现出主动注意的增强，如过分注意他人一举一动，过分注意自身健康状况等；注意涣散是主动注意不易集中，注意稳定性分散，多见于神经衰弱和精神分裂症患者；注意减退为主动注意和被动注意均减弱，注意广度缩小，稳定性显著下降，多见于疲劳、神经衰弱、脑器质性精神障碍患者；注意转移是被动注意的兴奋性增强，稳定性降低，注意的对象不断转换，见于躁狂病人。

记忆是以往事物经验的重现，它包括识记、保持、再认及回忆四个基本过程。记忆障碍可以在任一过程发生，包括质和量两方面，量的障碍有记忆减退和遗忘，质的障碍有错构症和虚构症等。遗忘是指记忆的完全丧失，患者对某一事件或某一时期内的经历遗忘。可分为顺行性遗忘和逆行性遗忘，前者是回忆不起疾病发生以后一段时间内所经历的事，遗忘的时间和疾病同时开始，如脑震荡患者不能回忆受伤后一段时间内的事；逆行性遗忘是回忆不起病发前某一阶段的事件，如脑颅损伤伴有意识障碍的患者回忆不起病发前在何处或干什么。遗忘的原因有心因性的和器质性的两种，心因性遗忘是指心理因素导致的遗忘，如对以往发生的羞辱情境遗忘，一般认为它是暂时性的和可以治疗的。错构症表现出记忆的错误，患者对过去曾经历的事件在地点、情节和时间上发生错误回忆，张冠李戴，坚信不移。虚构症患者以想象的、没有真实根据的内容来填补记忆缺陷。虚构是器质性脑病的特征之一，患者常常富于幻想，信口雌黄编造虚假经历，仿佛确有其事，以博得他人的注目和同情。由于虚构情节不能保存，所以在重新询问患者时虚构内容常有改变。虚构与病理性谎言不同，后者无记忆缺陷。似曾相识症和旧事如新症均是回忆和再认障碍，多见于癫痫病人。似曾相识又称熟悉感，患者遇到新事物时，有一种似乎早已体验过的熟悉感；旧事如新又称生疏感，患者对甚为熟悉的事物感到从未体验过的生疏感。遗忘—虚构综合征又称 Korsakoff 综合征，包括近事遗忘、虚构和定向障碍三大症状，多见于慢性酒精中毒、脑外伤和脑肿瘤等脑器质性病变。

3. 思维异常

思维是人脑对客观现实的概括和间接的反映。思维障碍主要通过言语来发现。思维障碍是心理异常的主要症状，也是精神科医师诊断疾病的重要依据。根据临床分类，思维障碍一般分成思维联想障碍、思维逻辑障碍和思维内容障碍。

（1）思维联想障碍：联想是指人脑中由一个概念引起其他概念的心理活动，联想障碍表现在联想的速度、数量、结构和表现形式等方面。

思维迟缓是联想速度的缓慢、困难或联想抑制，患者言语缓慢，语量减少，语声低，反应迟钝。如感到脑子不灵了，什么都想不起来。

思维奔逸又称意念飘忽，是联想加快，思维活动量增多并快速转变，多见于躁狂症。患者语量增多，语流变快，新的概念层出不穷，内容丰富多彩，思维常常随着周围环境的变化而转变话题，即随境转移，出现音韵联想和字意联想。患者说话滔滔不绝，口若悬河，自觉脑子特别灵，好像上了润滑油，出口成章，但信口开河，思维逻辑联系表浅。

思维贫乏是联想数量减少，概念和词汇贫乏，患者表现为沉默少语，言语单调，感到脑子空虚，没有什么可说的。

思维中断常见于精神分裂症，患者在意识清醒、无任何外界原因时思维突然中断，言语停顿，片刻后继之新的内容，此时患者不受支配，不能自主。

病理性赘述是思路的障碍，患者思维活动迂回曲折，讲话啰嗦，半天讲不到主题上，做不必要的过分累赘的描述，以至使无意义的繁枝细节掩盖主要内容，思维速度缓慢，但不离题或离题不远，最后能达到预定的终点。常常见于脑器质性精神障碍。

思维云集是指患者思潮不受意愿的支配，强制性涌现出大量无现实意义的联想，突然出现，迅速消失。患者常常描述，脑子乱，不能控制，想的事毫无意义，一件事没想完又想另一件事。多见于精神分裂症。

强迫思维是指某一概念在患者脑内反复出现，如一种想法，一句话，一件事，一个数等，反复追究这些毫无意义的荒谬问题，又称强迫性穷思竭虑，欲罢不能，可继发强迫动作。

(2) 思维逻辑障碍：正常人的思维都遵循着一定的逻辑结构，而有些变态心理者则否，思维逻辑障碍是一类严重的思维障碍，反映出更深刻的变态心理特征。常见的有以下几种形式。

思维松弛是指思维活动缺乏一定的逻辑关系，联想松弛，内容散漫。患者回答问题不中肯，不很切题，使人感到与之交谈困难，对患者言语的主题和用意不易理解。

破裂性思维是精神分裂症中最常见的思维障碍，患者在意识清楚的情况下，思维联想过程断裂，缺乏内在意义上的连贯和应有的逻辑性。如患者在言谈或书写中，虽然单独语句和文法上正确，但主题之间和句子之间缺乏内在意义上的联系，使人无法理解，严重时言语支离破碎，个别词句也缺乏联系，称为语词杂拌，这是最严重的思维逻辑障碍表现。

象征性思维是概念的转换，患者常常以无关具体概念来代表某一抽象概念，不经患者自己解释，他人无法理解。正常人可有象征性思维，如用鸽子代表和平，这些人们能够理解而不会视为病态。而精神分裂症患者会反穿衣服，以示自己“表里如一”或“心地坦白”，吞食骨头以使自己有“硬骨头”精神。

语词新作也是精神分裂症的常见症状，患者将不同涵义的概念或语词融合、浓缩在一起，作无关的拼凑，自创文字、图形和符号，并赋予特殊的概念。如将“兰”和“男”写在一起成一个字，以形容自己漂亮，是美男子。

逻辑倒错性思维是指推理缺乏逻辑性，既无前提也无根据，因果倒置，推理离奇古怪。如一精神分裂症患者认为，人是由动物进化的，动物是由植物进化的，因此人不应吃猪肉和蔬菜。

(3) 思维内容障碍——妄想：妄想是在病理基础上产生的歪曲信念、错误的推理和判断。妄想是思维障碍中最常见、最重要的症状，是变态心理确定无疑的征象。妄想的特征是：思维内容没有事实根据，不符合患者的教育水平，患者坚信不移，不能用亲身体验和教育去纠正。妄想的内容往往与患者的切身利益相关，可分为被害妄想、夸大妄想和自责妄想三大类。

被害妄想常见于精神分裂症偏执型病人，患者坚信某些人或某些集团对他进行打击陷害。被害妄想还可根据内容和性质进一步划分，如怀疑别人跟踪自己称跟踪妄想；将环境中的无关事物和他人的一举一动都看做与自己有关称关系妄想，如认为别人的咳嗽是故意针对自己，某篇文章是影射自己，他人唱爱国歌曲是指责自己不爱国；如果认为自己的精神活动受到电波和仪器的外力支配、控制和操纵，称为影响妄想；嫉妒妄想患者常常坚信朋友对自己不忠实，对其跟踪、盯梢，暗中检查衣物和信件以寻觅证据；内心被揭露又称被洞悉感，患者认为内心所想的事虽未表达，却被人知悉，大街小巷的人都知道自己的隐私，都在纷纷议论自己；被害妄想还有财富损失妄想、反复诉讼和上访妄想、附体和着魔妄想、变兽妄想等。

夸大妄想常常见于躁狂患者，多在情绪高涨的背景下发生，认为自己有非凡的才智、地位和权势，有很多财富和发明创造，或是名人后裔。妄想内容随患者的生活环境、文化水平和经历不同而称谓各异。如夸大自己的经济地位称财富妄想；认为自己具有非凡的科研才能，醉心“永动机”的发明创造称发明妄想；说自己出身名门，有海外关系，称血统妄想；青少年患者常有钟情妄想，坚信自己被异性钟爱，即使遭到对方

拒绝也毫不置疑，认为对方在考验自己，仍纠缠对方；还有患者自称救世主、改革家、将军、主席、酋长等。

自责妄想常见于抑郁患者，过分贬低自己。罪恶妄想患者会毫无根据地坚信自己犯了严重错误，拾到两角钱没有交公是罪大恶极、死有余辜，以至拒食自杀或要求劳动改造；疑病妄想者坚信自己患了不治之症，经反复求医和化验检查也不能改变疑病观念；严重患者会认为内脏腐烂、心跳停止和脑子空了，称为虚无妄想；低估自己经济条件者称为贫困妄想。

4. 智能、定向力和自知力异常

智能是智慧和能力的合称，是复杂的综合精神活动功能，与个体的认知过程紧密相关。智能障碍影响心理活动的各个方面：患者的感知觉减退，如嗅觉和味觉缺失，视觉敏锐度降低，不能辨认多种颜色，听觉的广度和精确度差，触觉和听觉不如正常人敏感，压觉和内脏感都降低；智能障碍者的注意广度和兴趣范围狭小，以至学习和就业困难；患者记忆力差，思维推理简单而具体，缺乏分析和概括能力；他们情绪反应迟钝，自尊心和荣誉感等高级情感缺乏，意志薄弱。智能障碍可分为精神发育迟滞和后天性的继发性痴呆两大类。精神发育迟滞是由于先天或围产期以及 18 岁以前生长发育过程中的各类因素影响，大脑发育不良或受阻，智力功能显著低于正常，伴有适应行为受损。精神发育迟滞可根据症状轻重表现分为轻、中、重和极重度四类。痴呆是指大脑发育基本成熟，智能已发育正常，但以后由于各种有害因素引起大脑器质性损害，导致智能严重障碍。患者意识清晰，但思维活动不完善，智能下降，后天获得的知识和能力丧失，不能从事学习和工作，甚至生活也不能自理。痴呆病变多为进行性，不易恢复。

定向力是指个体对时间、地点、人物和自身状态的认识能力，它是判断意识障碍的重要标志之一，但有定向障碍的患者不一定都有意识障碍。定向一般分为对周围环境的定向和自我定向，定向力障碍患者对时间、空间和人物误认和错误定位，如将医院既当医院又当法院，这多与妄想有关。

自知力又称领悟力或内省力，是指病人对自己精神疾病的认识能力。一般精神病人均有程度不等的自知力缺失，不承认自己有病，不主动就医，甚至拒绝看病和住院，拒绝服药。自知力随病情的好转逐渐恢复，临床上常将自知力作为判断病情轻重或病情好转的重要指标。自知力恢复是指病人症状消失，对所患精神病症状能认识到是病态。自知力完整是精神病病情痊愈的重要标志。

5. 情绪情感异常

情绪是人对待认知内容的特殊态度，它包含情绪体验、情绪行为、情绪唤醒和对情绪刺激的认知等复杂成分。人的情绪过程的主观体验又称情感。情绪与情感既有区别又有联系，前者与机体生物需要相联系，发生较早，不稳定；后者与人的社会需要相联系，发生较晚，稳定。情感在情绪基础上形成，又反过来影响情绪。个体在一段时间之内持续保持的某种情绪状态称心境。

情绪情感障碍的精确分类描述是困难的，有的分为正性和负性两类，有的分成情绪反应障碍、表达障碍、病理性优势心境和素质性异常情绪等。以下讨论临床常见的几种情绪情感障碍。

情绪高涨是一种病理性的愉快心境，多见于躁狂病人，患者正性情绪活动明显增强，表现出不同程度的病态喜悦，从轻度愉快到极乐、狂喜或消魂状态，欢乐与环境背景不相符。患者讲话语言高昂，眉飞色舞，喜笑颜开，表情丰富，盛气凌人，傲慢自负，逗人发笑，有明显的夸大色彩。患者自我感觉良好，其欢乐情绪有一定感染力，容易引起周围人群的共鸣。脑器质性精神障碍的患者常常表现出一种欣快症状，虽有幸福喜悦的内心体验，但脸上的笑容却给人以呆傻和愚蠢的感觉，患者说不清高兴的原因，表现单调刻板。

抑郁是负性情绪增强，轻者情绪低落，忧心忡忡，愁眉不展，唉声叹气；重者忧郁沮丧，悲观绝望，感到自己一无是处，度日如年，自卑自责，觉得生不如死，出现自杀观念和企图。抑郁症病人常有这类表现。

焦虑是指过分担心发生威胁自身安全和其他不良后果的心境。危险并未发生，但患者表现出紧张恐惧、顾虑重重，好似大祸临头，坐卧不安，认为问题无法解决，病情严重无法医治，伴有疑病观念和植物神经功能紊乱等表现。焦虑多见于神经症和更年期精神障碍患者。

恐惧是个体面临危险时的情感体验。与焦虑不同的是危险已经存在，患者认为自己无法克服这种危险，试图回避。对特定事物或情境发生以恐惧为特征的神经症称为恐怖症。

情感脆弱是指在外界轻微刺激甚至无明显外界因素影响下，患者情绪容易波动，感动得伤心流泪或兴奋激动。易激惹性指易怒倾向，易出现攻击行为。疲乏、睡眠不足或女性行经前期会表现出易激惹性。

情感淡漠是指情感活动减退，患者对外界任何刺激缺乏相应的情感反应，如对周围的事漠不关心，对常人极大悲痛或高兴的事无动于衷，言语声调平淡，面部表情呆板，内心体验贫乏或缺乏，严重者对自己的个人生活也漠不关心，多见于慢性精神分裂症和脑器质性精神障碍者。

情感倒错常见于精神分裂症病人，患者的情感体验和外界刺激的性质不协调，当得知令人高兴的事却表现出伤感，谈及令人悲痛的事反而表现出愉快情绪。

病理性激情是一种突然发作、非常强烈和短暂的情感障碍，患者出现冲动行为，伤害他人，难以控制，伴有一定程度的意识障碍和遗忘，多见于癫痫、精神分裂症和严重的脑外伤患者。

6. 意志行为异常

意志是指人为了一定的目的、自觉地组织自己的行为并克服困难的心理过程。意志和认识、情感以及个性联系紧密，意志通过行为表达出来。意志行为障碍是心理异常患者的一类特征表现，常见的有以下几种。

意志增强是指意志活动过多，不同的患者表现各异，有迫害妄想的人会反复上诉或控告，有夸大妄想的人会日以继夜从事无效的发明创造，躁狂病人会终日忙忙碌碌，精力充沛，不感觉疲劳。有些意志增强的人会表现出食欲和性欲等本能意向和行为动作的增多。

意志减退是指意志活动减少，情绪低落，对周围一切事物无兴趣，意志消沉，不愿活动，患者对日常工作和学习感到非常吃力，甚至不能进行，整日呆坐，卧床不起。

意志缺乏是指意志活动缺乏，患者对任何活动缺乏动机要求，个人生活极端懒散，有时食欲和性欲等本能要求也缺失，行为孤僻退缩。

精神运动性抑制是指整个精神活动降低，言语动作普遍迟缓和减少，表现出缄默、木僵和蜡样屈曲等。缄默患者不语也不回答问题，以手示意。木僵患者虽意识清楚，但言语和动作行为抑制，不吃不喝，保持一个固定姿势，僵住不动，对体内外任何刺激不起反应，口溢涎水，面无表情，大小便不自理。蜡样屈曲是指严重的木僵病人，肢体随人任意摆布，像蜡塑一样，可较长时间维持一个不舒适的姿势，如“空枕”。精神运动性抑制多见于紧张型精神分裂症病人。

精神运动性兴奋是指整个精神活动增强，患者终日忙碌不停，多辩饶舌，胡编乱画，事事干涉，有时出现色情行为和愚弄他人、做恶作剧的戏谑行为。精神运动性兴奋可分为协调性和不协调性两种，前者是指言语动作的增多和思维情感活动增多相一致，和环境相配合，见于躁狂病人；后者言语增多和思维情感不相配合，动作单调杂乱，无动机和目的性，使人难以理解，精神活动与外界环境不协调，见于青春型精神分裂症的病人。

违拗症患者对他人提出的要求没有相应的行为反应，甚至加以抗拒。作出与对方要求完全相反的动作称主动性违拗，对他人的要求不执行称被动性违拗。多见于紧张型精神分裂症病人。

刻板动作患者持久地重复某一单调动作，常常伴有刻板言语。模仿动作患者无目的地模仿他人动作，伴有模仿言语。作态病人作出古怪、愚蠢、幼稚、做作的动作、姿势、步态和表情，如做怪像，扮鬼脸，多见于精神分裂症病人。

7. 意识障碍

意识的含义在哲学、心理学和医学上各有不同的解释，从临床角度讲，它一方面是指人的清醒程度，另一方面是指人对自身和环境的理解程度。意识是各种心理过程赖以进行的背景，是人们智慧活动、随意动作和意志行为的基础。脑干网状结构上行激活系统是维持意识的重要结构，脑干受伤、代谢紊乱和神经递质变化都会导致意识障碍。有人认为，意识是一种心理状态，而不是单一的心理过程，不能用单一的心理过程障碍来判断是否存在意识障碍。

意识障碍时表现出精神活动的普遍抑制，即发生多种心理过程障碍，如感知觉清晰度降低，感觉迟钝，注意力难以集中，记忆力减退，遗忘，思维不连贯，判断力下降，情感淡漠，动作行为迟缓，嗜睡或昏睡，有时间、地点和人物定向障碍。

意识障碍的分类尚无定论，根据觉醒程度，可分为清醒意识、催眠、深度抑制状态等；根据障碍发生的快慢分为急性、慢性和间歇发作意识障碍；根据意识本身性质可分为意识水平减低、意识内容改变和意识范围缩小几类。意识障碍常见以下几种表现。

意识模糊或嗜睡状态为轻度的意识水平减低，其特征是各种心理过程反应迟钝，对弱刺激无反应，痛觉反应存在，语言反应保持，但理解力差，回答问题迟缓、简单，嗜睡时可以唤醒，但不能持久，易回到嗜睡状态。这种状态下的吞咽反射、对光反射和角膜反射均存在，常见于功能性和脑器质性病变。

意识混浊或昏睡状态为中度的意识水平减低，以语言反应接近消失为特征，不理解他人语言，无法遵照医嘱睁眼或伸舌，思维活动缺失，痛觉反应迟钝，卧床少动，与环境失去接触能力，不能喂食，大小便失禁，出现舔唇和吸吮原始动作，吞咽反射和对光反射尚存在，角膜反射减弱，可出现不自主运动和震颤。

昏迷状态为意识的完全丧失，以痛觉反应消失为特征，肌张力普遍降低或增高，吞咽反射和对光反射可消失，出现病理反射，多见于严重脑病和生命垂危期。

谵妄状态是一种意识内容障碍，产生大量幻觉和错觉，以幻视多见，内容鲜明生动，如见到昆虫和猛兽，有的内容具有恐怖性，患者产生紧张和恐惧的情绪反应，兴奋不安，出现不协调的精神运动性兴奋，思维不连贯，理解困难，有时出现片断妄想，对环境和自我的定向都丧失。谵妄状态昼轻夜重，持续时间数小时至数日，意识恢复后可有部分遗忘或全部遗忘。根据障碍程度轻重，还可分为亚谵妄状态、谵妄状态和意识错乱状态三个等级。多见于急性脑病综合征患者。

朦胧状态是意识范围的缩小、狭窄，清晰度降低，对缩小的范围有正确的感知觉，但对此范围之外的事物不能正确感知，可有定向障碍、片段幻觉、错觉、妄想和相应行为。朦胧状态常常突然发生和中止，持续时间不长，事后遗忘或部分遗忘。有神游症和睡行症两种特殊表现形式。神游症患者可在意识朦胧下离家出走，障碍发生在白天，患者无目的地在外面漫游或到外地旅行，可进行许多复杂的活动，多见于癔症患

者，症状持续数小时或数日，少数长达数月，事后患者完全不能回忆或只有部分回忆。睡行症发生在非快眼动时相，患者从睡眠状态中进入另一种意识障碍状态，夜间起床从事一系列连续活动，一般只是刻板地执行某些简单的无目的动作，到室外徘徊，或从事简单的扫地、做饭活动。活动完后又上床入睡，次日醒后对夜间的活动完全遗忘，每次发作都是重复同一活动。

梦样状态患者意识清晰度降低，伴有梦境般体验，对外界刺激反应迟钝或不反应，沉溺于幻想性体验之中，如体验到一些不平常的经历或以往的特别遭遇，积极参与其中，好像梦境一般，可显示梦呓般的自语，透露体验中的各种情境，伴有兴奋症状，多见于癫痫和感染中毒性精神病。

自我意识是人对自己以及自己和他人关系的意识。自我意识障碍患者对自身当前的主观状态不能认识，不能认识自己的人格特点，不能回答自己的姓名，以第三人称“他”来称呼自己，不能确定自己的行为究竟受谁的支配，常见的表现有人格解体、交替人格、双重人格和多重人格等。人格解体患者意识不到自己的精神活动，意识不到自己躯体的存在，丧失了对自身行为的现实体验，感到自己正在改变，已非原来的自己，或自己已经不复存在了，不是真正的自己在行动，而是在“扮演”自己，这种情况见于各种忧郁症和精神分裂症。交替人格患者否认自己原来的个体，称自己是另外一个人，或者在不同时间表现为两种人。如成年癔症患者发病后会突然认为自己是幼儿，言语、行为和情感均像儿童，见人就喊“伯伯”“阿姨”，整日摆弄儿童玩具。双重人格是指患者在同一时间体验着两种完全不同的内心活动，表现出两种不同的人格，如体验到自身之中还有“另一个自己”。有的体验到自己已分成了“几个人”，或身体分成了许多部分，左半身是自己，右半身是鬼，头是龙，脚是鱼尾，此称多重人格，常见于癔症和精神分裂症。

四、心理异常检查与评估

1. 收集信息与心理诊断

心理异常评估将有助于确定防治方案。评估常常采用一系列方法，最常用的有观察、会谈和心理测量等。有人从认知心理学角度，将临床评估过程分成四个阶段：一是准备阶段，了解来访者问题，与之商定评估手段和步骤；二是信息输入阶段，即通过调查、观察、会谈或量表评定收集有关信息；三是信息加工，对收集的信息进行处理、分析和解释；四是信息输出，提出帮助来访者解决问题的建议和措施。

心理异常评估的有效性取决于收集信息的可靠性。信息来源要真实可靠，最好直接观察来访者的表现，或者直接调查患者的亲属或好友。对他人提供的信息要认真分析，因为他人对患者的态度与情感不同，且与患者接触的时间、地点、方式也有不同，因此，反映的问题程度差异很大，要尽量避免搀杂信息提供者的个人情感成分，让来访者自己叙述病情，或收集患者的日记、图画、信件作为参考内容。收集信息时要建立良好的医患关系，询问病史时要取得患者与陪同者的信任，使他们没有顾忌地诉说，较好地配合。询问过程中要有医患间的情感交流，避免诱导或暗示性的提问，让其尽量反映实情，尤其是病因和早期症状的发展。在收集病史时，除注意言语沟通外，还要注意非言语的沟通，关注患者的外部表现和内心体验，以及社会适应状况。收集信息时要做好客观记录，患者和监护人反映的信息可能很杂乱，要注意记录有诊断价值的内容，最好采用他们陈述的原话，避免使用诊断术语。采集的信息要经过整理归纳，使之条理清楚，简明扼要。为了使记录的信息更客观、全面，可采用定式或半定式的问卷方式来收集信息，也可在事先准备一个调查提纲（参见表 4-1）。

表 4－1　心理咨询门诊调查提纲

1. 一般资料：姓名、性别、职业、收入、婚姻、住址、出生地和日期、文化程度。
2. 求助的主要原因。
3. 近期状况：生活环境、日常活动、近月来经历重大生活事件的性质与次数。
4. 婚姻家庭：亲子关系、夫妻关系、同胞关系、家庭变迁等。
5. 早期回忆：能记忆清楚的早期生活中的重大事件、背景和影响。
6. 健康状况：是否患病或外伤，常用药物，烟酒爱好，饮食与锻炼，健康自评。
7. 成长与教育：早期生长发育史，喜爱或厌恶的学习科目，学习成功与失败经历。
8. 工作职业：是否变换职业，对工作的态度。
9. 兴趣爱好：消遣和娱乐方式，兴趣特长。
10. 性发展：对性的认识与要求，性生活质量。
11. 社会支持：社交关系，沟通状态和社会活动兴趣。
12. 自我评价：优缺点，能力，价值观，理想。
13. 生活转折：生活道路上的重要抉择和改变。
14. 个人目标：未来希望和要求，实现的可能性。
15. 其他材料。

在实践工作中，不同的心理学理论流派学者、不同工作性质的门诊医师，都会带着各自的临床心理学评估倾向性。持生物医学模式观点的人，主要兴趣是发现来访者是否有病，评估的目的是想把来访者与正常人区别开来，因此，他们更关心来访者的病理表现或器质性病变，注重实验室检查。教育工作者则否认诊断的价值，而是从成长发育的角度，注重生态环境和学习因素对来访者的影响，习惯采用会谈的方法收集信息。无论采取何种观点，都会利弊共存。作为一个成熟的临床心理学医生，应该博采众家所长，摒弃门户之见，避免一条路走进死胡同，否则，会给来访者带来无法挽回的损失。因此，临床心理学评估者必须具备广博的专业知识和良好的心理品质，不断学习进取，提高临床评估技巧，对来访者提供科学的心理诊断。科学的心理诊断不是根据单一的测定方法得出的，而是对多项测定进行综合分析的结果，不仅有可以比较的常模，还能接受临床实践的检验。从临床工作考虑，心理诊断的目标首先是要确定来访者的心理活动是否正常，如知、情、意、行等心理过程是否统一，个性特征是否相对稳定。根据来访者的环境适应能力、心理活动的强度、节律性、耐受力、自控力、自信心、意识水平、社交状况和康复能力等对其心理健康水平作出评估。对于心理变态的诊断，常常采用系统诊断法，即根据变态的程度以及病因来诊断，变态的程度一般可分为心理问题、心理障碍和重性精神疾病，病因可分为生物、心理和社会等因素。根据这种思路，可以大体把握来访者的主要心理问题和原因，并能为咨询和治疗提供有价值的信息。比如，由生物因素导致的重性精神病患者，就不是心理咨询的对象，多应该住院治疗；而由社会因素产生的一般心理困惑就不宜采用药物治疗，而心理咨询和治疗可望获得好的疗效。

2. 会谈要求与技巧

会谈是心理异常评估和治疗的一种基本技术，也被称为是一门艺术、一门科学。会谈涉及双方，是一个互动的、情感交流的过程。成功的会谈能使双方有积极的情绪体验，自信心提高，使来访者满意，降低或消除困惑，也使诊断治疗者能掌握对方的详细信息。诊断性会谈一般是在门诊进行的，欲在这种特殊的环境和较短的会谈时间内使双方建立一种同盟关系，并达到和睦融洽、情感协调是很不容易的。会谈关系中起主导作用的是诊断者或治疗者，他们要能意识到面对来访者时也是在表现自己，做到坦诚、温暖亲切、客观敏感、及时觉察对方的各种体验、不强加于人、适时适当地进行解释与指导。

罗杰斯曾提出影响会谈关系的一些重要因素，一是“共情”，是指能体验他人的精神世界，能够理解与分担对方精神世界中的各种负荷，而不是进行判断或单纯的支持，如同我国的一句俗语：“将心比心。”要达

到高水平的共情，诊断者要不断实践，丰富自己的知识技能和情感修养，从来访者内心的参照系出发，设身处地体验对方的内心世界，用准确、明白的言语表达对来访者内心体验的理解，引导对方对自己的感受进一步思考。会谈中双方目光的接触、身体的姿势也与共情有关。二是积极关注，这也是一种共情态度，即以积极的态度看待来访者，强调对方的长处，有选择性地突出来访者优点，利用其自身的积极因素。这类似教育工作者惯用的“以表扬为主”的方法。当然，表扬要实事求是，要建立在对方的实际言语和行为表现上，滥用表扬会适得其反。三是尊重和温暖，尊重是指能接受、容忍对方的不同观点和习惯，诊断治疗者不能自命清高，盛气凌人，特别不能滥用“权威”身份，对人指手画脚。温暖体现出诊断者的主观态度，它从言谈举止、姿势、眼神、面部表情中流露出来，使对方感到自在舒适。温暖是难以通过训练达到的，它与人的心理品质有关，是临床工作者的一项基本要求。四是诚实可信，诊断治疗者要真实地对待自己和对方，要开诚布公、直截了当地表达自己的想法，以免对方猜测或不知所云，用坦诚的榜样去激励对方不再掩饰、否认或隐藏真实的思想和感受。真实体现了人的处世态度，如果来访者转弯抹角，也会阻碍会谈的坦诚性，此时应该帮助对方排除顾虑，据实相告，尽可能达到共情的境界。当然，真诚不是简单地等同于说实话，比如对于具有疑病倾向的人，就不宜把症状表现描述得过于细腻。

有效的会谈除了要关注上述影响因素外，还要注意会谈内容的具体化问题，要帮助对方澄清具体事实，并理解来访者所用词汇的具体含义。比如，来访者可能伸诉“心情忧郁”，此时，可请他举例说明，并解释对“忧郁”一词的理解，以便真正掌握来访者的基本问题。有些来访者陈述症状啰嗦，可能要花数小时，转了九十九道弯还未谈及核心问题，诊断治疗者要帮助来访者关注“此时此地”情况，并对来访者的言语、行为和情感予以及时、必要的反应，使对方明白现存的主要心理困惑，更好地认识自我和现实环境，从而较为自愿地学习新的思维方式和行为方式，改变自己。这样的会谈，不仅具有诊断意义，也具有了治疗意义。

会谈是一种艺术，不同对象、内容的会谈，需要运用不同的技巧。在实际生活中，会谈的机会是很多的，会谈者常常根据自己的经验与工作方式，采用各自熟悉的会谈技巧来达到目的。在临床评估方面，很难找到一种“放之四海而皆准”的会谈技巧，它需要临床工作者反复实践和总结。下述的会谈技巧要求是公认的。

要注意倾听。不仅倾听对方的陈述，还要借助言语引导，体察出对方的真实情感和观念。注意倾听不是被动的过程，而是一个主动引导、积极思考的过程。可以运用开放式提问的办法，如：“您最近心情怎么样?”而不用“是好还是坏”这样的简单提问，以便对方更多地表达有关想法和情绪。开放式提问给对方有较大的自由度，有助于了解对方的一般情况。这种提问宜在建立良好的同盟关系基础上进行。当要澄清问题、缩小讨论范围、纠正主题偏离时，可以采用封闭式提问技术，如“是不是”“对不对”等，这样的提问不能太多，否则，会破坏会谈关系。要善于采用鼓励和重复的语句，如“嗯……”“后来呢”等，使来访者了解你在认真地听他讲话，并希望他继续讲下去。对来访者话中的关键词进行重复强化，适时予以说明，表达出对对方的理解，促使问题的讨论更加深入。还要注意来访者的情绪体验，给予及时和准确的反应。许多门诊会谈是在嘈杂的环境中进行的，过往行人、电话干扰、尤其是治疗者与他人的说笑交谈会严重影响注意倾听的质量，使会谈失败，应注意避免。

要正确实施影响对方的技术。这种影响是指诊断治疗者通过自己的专业理论知识和方法技术、个人的人生经验、对来访者特有的理解使来访者从中受益的过程。解释，是最重要的影响技巧，治疗者根据自己的参考体系，给来访者提供一种新的认识自身问题的方式，使其世界观产生认知性改变。解释要因人而异，运用得当，不能千篇一律。如对任何心理问题都去追溯早期不良经历的影响，反会引起来访者的反感。指导是影响对方的又一技巧，即告知来访者怎样做，怎样改变自我认识，如何自由联想和扮演生活角色，如何开展行为训练，给予特殊的建议和布置一定的“家庭作业”。指导要在良好的会谈关系基础上进行，对有一定主见的来访者宜避免过多地运用“权威”身份。要为来访者提供有益的忠告和新的信息，使对方感到这些忠告和信息正是自己所需要的。治疗者可利用言语的“自我暴露”技巧来提高会谈的功效，如表明自己对来访者言行问题的体验，或告诉对方自己过去的一些有关情绪体验和经历。自我暴露越多，会谈越深入。当然，治疗者的自我介绍要简明扼要，否则会偏离会谈的主题。要应用反馈技巧，为来访者提供他人会怎样看待和处理问题的信息，帮来访者开拓眼界，以改变其错误的思维模式。为了增进影响效果，可以运用逻辑推理的技巧，引导来访者认识其思维和行动可能得出的结果，如运用“如果……就会”这样的语句，使对方预先想到事情发展的可能结果，进而意识到自己思维言行的不妥之处，最后决心改变之。每次会谈要做好总结，归纳出主要问题是什么？原因有哪些？如何应对？并为下次会谈做好安排。

运用非言语技巧。会谈不仅仅只是语言的交流，还有非言语因素的影响。如会谈位置的安排、目光的接触、身体姿势、面部表情和声音特征等都很重要。只有善于运用这些非言语技巧，才能有效地提高会谈质量。会谈双方的位置一般呈直角安置，以避免面对面地直接对视，使来访者心理负担加重。在会谈过程中，要保持视线的自然接触，倾听对方谈话时要注视对方双眼，用目光表达自己的关注、共情与理解。自己谈话时，视线可以短时间离开对方，但也不宜左顾右盼或东张西望。会谈的姿势也是要讲究的，初次会见，要起身招呼或握手表示接纳，治疗者面对来访者，坐得舒适，略向前倾，用点头表达自己的注意，借助手势加强某些话语的效果，会谈结束时起身将来访者送出门外。会谈中若不自觉地颤动双腿、靠在办公桌边、在室内来回走动、只坐椅子的一角、双手紧握或抓耳挠腮、身体过分前倾等都会使会谈气氛不良。治疗者还要注意语气、语调和语速对会谈的影响，声音要温暖、顺耳、清晰，带着对对方的共情与关切讲话，注意抑扬顿挫、变速和停顿，语速以中等为宜。停顿是给言语留有余韵，求得对方领会和思考，促进对方的参与。治疗者在熟练运用非言语技巧的同时，也要注意观察来访者的非言语信息，如人的面部表情传递着情绪信息，常常决定着会谈的进程和方向，要善于观察对方的面部表情，通过视线、嘴部表情、身体动作、声音特征、沉默等表现准确理解来访者的情绪状况或心理需求，从而提供针对性的帮助措施，使会谈效果提高。

3. 精神状态检查

精神状态检查对判别来访者是否存在心理异常有重要意义，检查是通过直接观察和个别会谈来进行的。检查环境要安静，检查时间通常一小时左右，检查人员提问要掌握分寸，检查按下述提纲进行。

（1）一般表现：

意识状态：意识是否清醒，意识障碍的水平和内容。

定向力：时间、地点与人物的定向力如何。

与周围接触：对周围事物是否关心，主动还是被动，检查时的表现，是否合作。

日常生活：仪表和服饰有无特殊异常，日常生活自理情况。

（2）认识活动：

感知觉：有无错觉、幻觉和感知综合障碍，其种类、性质和频度如何。

思维言语：思维联想水平是否符合逻辑和存在妄想；言语是否流畅，有无理解或表达困难。

记忆：记忆力是否减退，有无遗忘、错构、虚构。

智能：计算力、理解力、分析综合以及抽象概括能力是否正常。

自知力：是否缺如或部分缺如，对自己疾病的认识和态度如何。

（3）情感活动：

客观表现：面部表情、姿势、动作、呼吸、脉搏、出汗等。

主观体验：优势情感是什么，情感的性质是抑郁、焦虑，还是易激惹或欣快；情感是否稳定，与外界环境是否协调，有无病理性激情和哭笑无常。

（4）意志与行为：

意志是否增强或减退，有无食欲和性欲等本能活动的增强或减退，有无兴奋、冲动、木僵和怪异的动作行为。

对不合作的兴奋木僵患者，因交谈困难，主要是通过观察方法来检查，可细心观察其外貌，自发言语，面部表情，动作行为以及图画、作业和日记等，对脑病患者要注意其意识状态、记忆力、智力与人格方面的变化。

精神状态检查既可按上述大纲进行，也可根据患者的不同情况灵活安排，还要配合进行神经系统检查和化验室检查。

4. 病史资料分析与诊断原则

通过采集病史和各种检查所获得的临床资料尚需分析。一般是根据发病基础、病程、病因、症状特点等方面进行全面系统分析，以提出科学、客观的初步诊断。发病基础是指患者的一般情况、性格、生活环境、躯体状况和病史等；病程上，短于2周的为急性，2周至3个月的为亚急性，长于3个月以上的为慢性，是否表现为周期性、进行性加重或发作性等；病因上有生物、心理、社会和不明因素等；症状特点同前所述，它们是不同类型心理异常诊断的重要依据。

临床诊断原则是：在完整的病史资料和系统的精神、体格、神经系统、实验室检查的基础上，先确定症状学诊断，再结台发病因素、性格特点、发病形式、病程等作出疾病分类学诊断。

诊断的另一原则是，诊断标签的副作用要小于患者心理问题本身。诊断的初衷是寻找病因与防治措施，帮助患者适应社会环境，健康地生活与工作，但诊断结果有时会与初衷背道而驰，以至给患者带来更多的困惑。诊断存在着危机，主要表现在两方面：一是滥用的危机。诊断者必须具备一定的专业知识与技能，诊断工具要科学，方法要有一定的信度与效度。目前不少地方设立了商业化的“心理诊断测试中心”，在不具备上述基本资格条件的情况下，对来访者滥下诊断；有的非专业诊断者常犯逻辑诊断错误，先入为主地带着诊断标签去观察来访者，而不是经过系统的临床观察来得出诊断结果；有的诊断治疗者只看病，不治人，热衷于将来访者“划类”，而不关注其内心世界；还有的是不加选择、不加修订、滥用国外量表对中国地方文化环境中的人群进行诊断，如有人说，中国的弱智儿占总人口的3%，按此率估算，全国将有3000万弱智儿这种诊断既不能令人信服，又会严重伤害民族自尊心。诊断的另一危机是，存在着“真实化”的危机。诊断是个社会化的过程，其结果会影响人的社会性发展，周围的人会像“诊断类别”那样对待来访者，来访者也只有遵循着“诊断类别”所描述的那样生活，才会受到社会认可和同情。从而，诊断标签成了“真实”、顽固的缺陷，导致人一生的变化，影响以后的学习、就业、成家和终身不良的社会状况。因此，心理异常的诊断和临床评估要十分谨慎。

5. 心理异常的量表评定

量表评定是20世纪60年代开始由心理计量学衍生出来的一类标准化评估方法。所谓标准化评估，是指根据研究需要，设计一系列项目，每一项目代表一个症状，各项目按一定的检查程序和一定的提问方式进行检查和询问，并按规定的标准，将症状数量化，最后得出评估结论。标准化评估使用的工具常常称为评定量表，它与心理测验工具在性质上越来越接近。评定量表有他评量表和自陈量表之分，按功能还可分为特征描述性量表和诊断性量表，后者使用有限，主要是心理特点诊断，而不是临床医学意义的疾病诊断。

评定量表的使用已广泛涉及心理学研究的各个领域，如身心症状评定、适应行为评定、神经心理测验、人格测验和智力测验等，根据功能分类，有诊断表、筛查表和辅助表等。以下有选择性地介绍几种常用测量工具。

（1）症状自评量表（SCL－90）：

SCL－90由Derogatis在1973年编制，80年代引入我国，是应用最广泛的心理健康自评量表。它包含90个项目，评定近一周来的情况，分5级计分，没有为1分，很轻为2分，中等为3分，偏重为4分，严重为5分。SCL－90统计指标有总分和因子分等，共分9个因子。量表项目、统计办法、各因子名称和项目序号参见表4-2、表4-3、表4-4：

表 4-2 症状自评量表（SCL－90）

注意：以下表格中列出了有些人可能会有的问题，请仔细地阅读每一条，然后根据最近一周以内下述情况影响您的实际感觉，在相应方框中划一个“√”。

项目	没有	很轻	中等	偏重	严重
1. 头痛	□	□	□	□	□
2. 神经过敏，心中不踏实	□	□	□	□	□
3. 头脑中有不必要的想法或字句盘旋	□	□	□	□	□
4. 头昏或昏倒	□	□	□	□	□
5. 对异性的兴趣减退	□	□	□	□	□
6. 对旁人求全责备	□	□	□	□	□
7. 感到别人能控制您的思想	□	□	□	□	□
8. 责怪别人制造麻烦	□	□	□	□	□
9. 忘性大	□	□	□	□	□
10. 担心自己的衣饰整齐及仪态的端正	□	□	□	□	□
11. 容易烦恼和激动	□	□	□	□	□
12. 胸痛	□	□	□	□	□
13. 害怕空旷的场所或街道	□	□	□	□	□
14. 感到自己的精力下降，活动减少	□	□	□	□	□
15. 想结束自己的生命	□	□	□	□	□
16. 听到旁人听不到的声音	□	□	□	□	□
17. 发抖	□	□	□	□	□
18. 感到大多数人都不可信任	□	□	□	□	□
19. 胃口不好	□	□	□	□	□
20. 容易哭泣	□	□	□	□	□
21. 同异性相处时感到害羞不自在	□	□	□	□	□
22. 感到受骗、中了圈套或有人想抓住您	□	□	□	□	□
23. 无缘无故地感到害怕	□	□	□	□	□
24. 自己不能控制地大发脾气	□	□	□	□	□
25. 怕单独出门	□	□	□	□	□
26. 经常责怪自己	□	□	□	□	□
27. 腰痛	□	□	□	□	□

28. 感到难以完成任务 ☐ ☐ ☐ ☐ ☐
29. 感到孤独 ☐ ☐ ☐ ☐ ☐
30. 感到苦闷 ☐ ☐ ☐ ☐ ☐
31. 过分担忧 ☐ ☐ ☐ ☐ ☐
32. 对事物不感兴趣 ☐ ☐ ☐ ☐ ☐
33. 感到害怕 ☐ ☐ ☐ ☐ ☐
34. 您的感情容易受到伤害 ☐ ☐ ☐ ☐ ☐
35. 旁人能知道您的私下想法 ☐ ☐ ☐ ☐ ☐
36. 感到别人不理解您不同情您 ☐ ☐ ☐ ☐ ☐
37. 感到人们对您不友好，不喜欢您 ☐ ☐ ☐ ☐ ☐
38. 做事必须做得很慢以保证做得正确 ☐ ☐ ☐ ☐ ☐
39. 心跳得很厉害 ☐ ☐ ☐ ☐ ☐
40. 恶心或胃部不舒服 ☐ ☐ ☐ ☐ ☐
41. 感到比不上他人 ☐ ☐ ☐ ☐ ☐
42. 肌肉酸疼 ☐ ☐ ☐ ☐ ☐
43. 感到有人在监视您谈论您 ☐ ☐ ☐ ☐ ☐
44. 难以入睡 ☐ ☐ ☐ ☐ ☐
45. 做事必须反复检查 ☐ ☐ ☐ ☐ ☐
46. 难以作出决定 ☐ ☐ ☐ ☐ ☐
47. 怕乘电车、公共汽车、地铁或火车 ☐ ☐ ☐ ☐ ☐
48. 呼吸有困难 ☐ ☐ ☐ ☐ ☐
49. 一阵阵发冷或发热 ☐ ☐ ☐ ☐ ☐
50. 因为感到害怕而避开某些东西、场合或活动 ☐ ☐ ☐ ☐ ☐
51. 脑子变空了 ☐ ☐ ☐ ☐ ☐
52. 身体发麻或刺痛 ☐ ☐ ☐ ☐ ☐
53. 喉咙有梗塞感 ☐ ☐ ☐ ☐ ☐
54. 感到前途没有希望 ☐ ☐ ☐ ☐ ☐
55. 不能集中注意 ☐ ☐ ☐ ☐ ☐
56. 感到身体的某一部分软弱无力 ☐ ☐ ☐ ☐ ☐
57. 感到紧张或容易紧张 ☐ ☐ ☐ ☐ ☐
58. 感到或脚发重 ☐ ☐ ☐ ☐ ☐

59. 想到死亡的事	□	□	□	□	□
60. 吃得太多	□	□	□	□	□
61. 当别人看着您或谈论您时感到不自在	□	□	□	□	□
62. 有一些不属于自己的想法	□	□	□	□	□
63. 有想打人或伤害他人的冲动	□	□	□	□	□
64. 醒得太早	□	□	□	□	□
65. 必须反复洗手、点数目或触摸某些东西	□	□	□	□	□
66. 睡得不稳不深	□	□	□	□	□
67. 有想摔东西或破坏的冲动	□	□	□	□	□
68. 有一些别人没有的想法或念头	□	□	□	□	□
69. 感到对别人神经过敏	□	□	□	□	□
70. 在商店或电影院等人多的地方感到不自在	□	□	□	□	□
71. 感到任何事情都很困难	□	□	□	□	□
72. 一阵阵恐惧或惊恐	□	□	□	□	□
73. 感到在公共场合吃东西很不舒服	□	□	□	□	□
74. 经常与人争论	□	□	□	□	□
75. 单独一人时神经很紧张	□	□	□	□	□
76. 别人对您的成绩没有作出恰当的评价	□	□	□	□	□
77. 即使和别人在一起也感到孤单	□	□	□	□	□
78. 感到坐立不安心神不定	□	□	□	□	□
79. 感到自己没有什么价值	□	□	□	□	□
80. 感到熟悉的东西变成陌生或不像是真的	□	□	□	□	□
81. 大叫或摔东西	□	□	□	□	□
82. 害怕在公共场合昏倒	□	□	□	□	□
83. 感到别人想占您的便宜	□	□	□	□	□
84. 为一些有关“性”的想法而很苦恼	□	□	□	□	□
85. 您认为应该因为自己的过错而受到惩罚	□	□	□	□	□
86. 感到要赶快把事情做完	□	□	□	□	□

87. 感到自己的身体有严重问题	□	□	□	□	□
88. 从未感到和其他人很亲近	□	□	□	□	□
89. 感到自己有罪	□	□	□	□	□
90. 感到自己的脑子有毛病	□	□	□	□	□

表 4-3　SCL－90 主要要统计指标

统计指标
总分：90 个项目分之和
总均分（总症状指数）：总分÷90
阳性项目数：单项分≥2 的项目数
因子分：组成某一因子的各项目总分÷组成某一因子的项目数

表 4-4　SCL－90 各因子项目序号

因子	项目序号
躯体化	1.4.12.27.40.42.48.49.52.53.56.58
强迫症状	3.9.10.28.38.45.46.51.55.65
人际关系敏感	6.21.34.36.37.41.61.69.73
抑郁	5.14.15.20.22.26.29.30.31.32.54.71.79
焦虑	2.17.23.33.39.57.72.78.80.86
敌对	11.24.63.67.74.81
恐怖	13.25.47.50.70.75.82
偏执	8.18.43.68.76.83
精神病性	7.16.35.62.77.84.85.87.88.90
其他	19.44.59.60.64.66.89

实际工作中，主要计算因子分和作廓图分析，某因子的标准分数如超过 2 分，或总分超过 160 分，或阳性项目数超过 43 项，可考虑筛查阳性，需要进一步检查。

（2）Achenbach 儿童行为量表（CBCL）：

CBCL 是目前世界上应用最为广泛的评价儿童行为问题的综合式大型量表，由美国学者 Achenbach 在 1983 年正式提出，有父母评分表（CBCL）和教师评分表（TRF）两种，实用于 4～16 岁儿童。CBCL 已由我国学者引进修订，建立了中国儿童常模。CBCL 内容分三大部分：第一部分是一般项目，包括儿童姓名、年龄、性别、父母职业、填表人等；第二部分是社交能力，包括 7 大方面：体育活动、爱好、参加集体、劳动、交友、与家人相处、学习情况等；第三部分是行为问题，有 113 条项目，分为 8～9 个因子，每条项目按最近半年来儿童的表现记分，采用 0、1、2 三级评分，累计所有条目得分即为总分，不同的项目可组成各种因子分，评分已有专用的计算机程序，简便、快捷，可迅速筛查出儿童的行为问题。CBCL 的家长评定表和各项目的因子分类参见表 4-5、4-6：

表 4-5　Achenbach 儿童行为表（家长用）

姓名____年龄____性别________填表人________填表日期________编号________

以下是描述你孩子的项目。只根据半年内的情况描述。每一项目后面都有三个数字（0、1、2），如你孩子明显有或经常有此表现，圈 2；如轻度有或有时有此项表现，圈 1；如无此项表现，圈 0。

项目			
1. 行为幼稚与其年龄不符	0	1	2
2. 过敏性症状（填具体表现）	0	1	2
3. 喜欢争论	0	1	2
4. 哮喘病	0	1	2
5. 举动像异性	0	1	2
6. 随地大便	0	1	2
7. 喜欢吹牛或自夸	0	1	2
8. 精神不能集中，注意力不能持久	0	1	2
9. 老想某些事，不能摆脱强迫观念	0	1	2
10. 坐立不安或活动过多	0	1	2
11. 喜欢缠着大人或过分依赖	0	1	2
12. 常说感到寂寞	0	1	2
13. 糊里糊涂，如在云里雾中	0	1	2
14. 常常哭叫	0	1	2
15. 虐待动物	0	1	2
16. 虐待欺侮别人或吝啬	0	1	2
17. 好做白日梦或呆想	0	1	2
18. 故意伤害自己或企图自杀	0	1	2
19. 需要别人经常注意自己	0	1	2
20. 破坏自己的东西	0	1	2
21. 破坏家里或其他儿童的东西	0	1	2
22. 在家不听话	0	1	2
23. 在校（园）不听话	0	1	2
24. 不肯好好吃饭	0	1	2
25. 不与其他儿童相处	0	1	2
26. 有不良行为后不感内疚	0	1	2

27. 易嫉妒	0	1	2
28. 吃喝不能作为食物的东西	0	1	2
29. 怕某些地方与某些动物	0	1	2
30. 怕上学（入园）	0	1	2
31. 怕自己想坏念头或做坏事	0	1	2
32. 觉得自己必须十全十美	0	1	2
33. 觉得或抱怨没有人喜欢自己	0	1	2
34. 觉得别人存心捉弄自己	0	1	2
35. 觉得自己无用或有自卑感	0	1	2
36. 身体经常弄伤，易出事故	0	1	2
37. 经常打架	0	1	2
38. 常被人戏弄	0	1	2
39. 爱和出麻烦的儿童在一起	0	1	2
40. 听到某些实际上没有的声音	0	1	2
41. 冲动或行为粗鲁	0	1	2
42. 喜欢孤独	0	1	2
43. 撒谎或欺骗	0	1	2
44. 咬指甲	0	1	2
45. 神经过敏，容易激动或紧张	0	1	2
46. 动作紧张或带有抽动性	0	1	
47. 做恶梦	0	1	2
48. 不被其他儿童喜欢	0	1	2
49. 便秘	0	1	2
50. 过度恐惧或担心	0	1	2
51. 感到头昏	0	1	2
52. 过分内疚	0	1	2
53. 吃得过多	0	1	2
54. 过分疲劳	0	1	2
55. 身体过重	0	1	2
56. 找不出原因的躯体症状	0	1	2
a. 疼痛	0	1	2
b. 头痛	0	1	2

c. 恶心想吐	0	1	2
d. 眼睛有问题（不是近视）	0	1	2
e. 发疹或其他皮肤病	0	1	2
f. 腹部疼痛或绞痛	0	1	2
g. 呕吐	0	1	2
h. 其他（说明内容）	0	1	2
57. 对别人身体进行攻击	0	1	2
58. 挖鼻孔皮肤或身体其他部分	0	1	2
59. 公开玩弄自己的生殖器	0	1	2
60. 过多地玩弄自己的生殖器	0	1	2
61. 功课差	0	1	2
62. 动作不灵活	0	1	2
63. 喜欢和年龄较大的儿童在一起	0	1	2
64. 喜欢和年龄较小的儿童在一起	0	1	2
65. 不肯说话	0	1	2
66. 不断重复某些动作强迫行为	0	1	2
67. 离家出走	0	1	2
68. 经常尖叫	0	1	2
69. 守口如瓶，有事不说出来	0	1	2
70. 看到实际上没有的东西	0	1	2
71. 感到不自然或容易发窘	0	1	2
72. 玩火（火柴或打火机）	0	1	2
73. 性方面的问题	0	1	2
74. 夸耀自己或胡闹	0	1	2
75. 害羞或胆小	0	1	2
76. 比大多数孩子睡得少	0	1	2
77. 比大多数孩子睡得多	0	1	2
78. 玩弄粪便	0	1	2
79. 言语问题（如口齿不清）	0	1	2
80. 茫然凝视	0	1	2
81. 在家偷东西	0	1	2
82. 在外偷东西	0	1	2

83. 收藏自己不需要的东西	0	1	2
84. 怪异行为	0	1	2
85. 怪异想法	0	1	2
86. 固执，绷着脸或容易激怒	0	1	2
87. 情绪突然变化	0	1	2
88. 常常生气	0	1	2
89. 多疑	0	1	2
90. 咒骂或讲粗话	0	1	2
91. 声言要自杀	0	1	2
92. 说梦话或有梦游	0	1	2
93. 话太多	0	1	2
94. 常戏弄他人	0	1	2
95. 乱发脾气或脾气暴躁	0	1	2
96. 对性的问题想得太多	0	1	2
97. 威胁他人	0	1	2
98. 吮吸大拇指	0	1	2
99. 过分要求整齐清洁	0	1	2
100. 睡眠不好	0	1	2
101. 逃学	0	1	2
102. 不够活跃，动作迟钝精力不足	0	1	2
103. 闷闷不乐，悲伤或抑郁	0	1	2
104. 说话声音特别大	0	1	2
105. 喝酒或使用成瘾药	0	1	2
106. 损坏公物	0	1	2
107. 白天遗尿	0	1	2
108. 夜间遗尿	0	1	2
109. 爱哭诉	0	1	2
110. 希望成为异性	0	1	2
111. 孤独，不合群	0	1	2
112. 忧虑重重	0	1	2

113. 请写出你孩子存在但在上面未提及的其他问题：

______________________	0	1	2

	0	1	2
________________	0	1	2
________________	0	1	2

请检查一下是否每条都已填好；
请在最关心的条目下划线。

表 4-6　CBCL 因子分类项目（6～11 岁）

因子名称	项目序号
男性	
1. 分裂样	11. 29. 30. 40. 47. 50. 59. 70. 75.
2. 抑郁	12. 14. 18. 31. 32. 33. 34. 35. 45. 50. 52. 71. 88. 89. 91. 103. 112.
3. 交往不良	13. 65. 69. 71. 75. 80. 86. 103.
4. 强迫性	9. 13. 17. 46. 47. 50. 54. 66. 76. 80. 83. 84. 85. 92. 93. 100.
5. 体诉	49. 51. 54. 56a. 56b. 56c. 56f. 56g. 77.
6. 社交退缩	25. 34. 38. 42. 48. 64. 102. 111.
7. 多动	1. 8. 10. 13. 17. 20. 41. 61. 62. 64. 79.
8. 攻击性	3. 7. 16. 19. 22. 23. 25. 27. 37. 43. 48. 57. 68. 74. 86. 87. 88. 90. 93. 94. 95. 97. 104.
9. 违纪	20. 21. 23. 39. 43. 67. 72. 81. 82. 90. 101. 106.
女生	
1. 抑郁	11. 12. 30. 31. 32. 33. 34. 35. 38. 45. 50. 52. 71. 75. 88. 103. 111. 112.
2. 社交退缩	13. 42. 65. 69. 75. 80. 87. 88. 102. 103. 111.
3. 体诉	2. 4. 7. 51. 54. 56a—g. 77. 92.
4. 分裂强迫	9. 18. 40. 66. 67. 70. 76. 84. 85. 91. 100.
5. 多动	1. 8. 10. 13. 17. 23. 38. 41. 48. 61. 62. 64. 79. 80.
6. 性问题	52. 60. 63. 73. 93. 96.
7. 违纪	39. 43. 67. 81. 82. 90.
8. 攻击性	3. 7. 14. 16. 19. 21. 22. 23. 25. 27. 33. 37. 41. 48. 68. 74. 86. 87. 88. 93. 94. 95. 97. 104. 109.
9. 残忍	5. 15. 16. 20. 21. 37. 57.

（3）明尼苏达多相人格调查表（MMPI）：

MMPI 由美国明尼苏达大学 Halthaway 等人于 40 年代编制，1945 年正式出版，用于 16 岁以上有 6 年教育程度的被试者。我国学者宋维真等人进行了修订，并制定了中国人常模。MMPI 是最常用的人格测验之一，主要用途是作为临床诊断辅助工具，判断病情严重程度，预测病程发展，为治疗方案提供依据。MMPI 共有 566 题，简式有 399 题，10 个临床分量表，反映不同人格倾向，如疑病（Hs）、抑郁（D）、癔病（Hy）、精神病态（Pd）、男子气、女子气（Mf）、妄想狂（Pa）、精神衰弱（Pt）、精神分裂症（Sc）、轻躁狂（Ma）、社会内向（Si）等，还有 4 个效度量表，用于检查测验的正确性，如说谎（L）、诈病（F）、校正量表（K）、无法回答（Q）。

MMPI 通常由个体自评，也有团体变式法，施测时间一般 60～90 分钟，根据问题逐条回答“是”或“否”，然后按照使用指导书进行人工计分或计算机计分，并换算成 T 分数，一般将 T 为 50 时作为正常人均值，当 T 超过 70（相当于均值加 2 个标准差）时，提示可能有异常。分析时，

可将各个分量表的T分数绘制成人格剖析图，使结果一目了然。

（4）艾森克个性问卷（EPQ）：

EPQ由英国伦敦大学Eysenck编制，为自评个性问卷，分儿童和成人两种，是广为应用的个性测验工具，已由我国学者引入修订，并建立了中国常模。

EPQ儿童问卷适用于7～15岁儿童，分P、E、N、L四个分量表，前三个分别代表艾森克人格理论中关于人格结构的三个维度，具体内容见表4-7：

表4-7 EPQ儿童版本内容

分量表	评定意义
内一外倾（E）	高分为外向；低分为内向。
神经质（N）	高分示情绪不稳；低分示情绪稳定。
精神质（P）	高分儿童表现古怪，孤僻，行为不适应。
掩饰（L）	反映掩饰倾向，得分随年龄的增加而上升。

EPQ可用手工或电脑操作，每条项目有“是”或“不是”两种选择，根据问卷手册提供的标准评分，然后累加出各维度粗分，再查表换算成T分，通常认为T分超过60分就具有某种个性倾向，超过70分就具有某种个性特征。还可用剖析图来解释和分析得分结果。EPQ虽广泛用于评定人的个性，但维度分得太粗，只宜作群体个性的筛查手段，不适合作临床诊断工具。

（5）卡特尔16种个性因素测验（C.16PF）：

C.16PF由美国伊利诺州立大学Cattell编制，我国学者对量表进行了修订，制定了中国人常模。修订后的测验共187题，每题有三个答案供选，按测验指导手册或用计分版分别记为0、1、2分。C.16PF为自评测验，可个别施测或团体测验，每次测验约1小时。它应用广泛，适用于高中以上文化程度的被试，是了解学生、人才和心因性疾病患者的比较好的测量工具。

Cattel把个性分为“表面特性”和“根源特性”，通过因素分析，在众多的表面特性中，抽取16种根源特性来作为个性测查的主要内容（参见表4-8）。

表4-8　C.16PF主要内容和得分意义

个性因素	低分意义	高分意义
A—乐群性	缄默、孤独	乐群、外向
B—聪慧性	迟钝、学识浅薄	聪明、富有才识
C—稳定性	情绪激动	情绪稳定
E—恃强性	谦虚、顺从	好强、固执
F—兴奋性	严肃、审慎	轻松、兴奋
G—有恒性	权宜敷衍	有恒负责
H—敢为性	畏怯、退缩	冒险、敢为
I—敏感性	理智、注重实际	敏感、感情用事
L—怀疑性	信赖、随和	怀疑、刚愎
M—幻想性	现实、合乎成规	幻想、狂放不羁
N—世故性	坦白直率、天真	精明能干、世故
O—忧虑性	安详沉着、自信	忧虑抑郁、烦恼
Q1—实验性	保守、服从传统	自由、批评激进
Q2—独立性	依赖、随群附众	自主、当机立断
Q3—自律性	冲突，不明大体	知己知彼，自律严谨
Q4—紧张性	心平气和	紧张困扰

16种个性因素是独立的，评价时要注意全面评价，如按照测验指导手册进行二元个性因素评价，分成适应与焦虑型、内向与外向型、感情用事与安详机警型、怯懦与果断型。C.16PF应用广泛，可为某种行为的预测、诊断和咨询、以及某职业人才的选拔提供参考信息，如根据一定的公式换算，可以确定心理健康的个性因素、专业而有成就者的个性因素、创造能力个性因素、在新环境中有成长能力的个性因素等。利用该工具，可以建立不同职业的常模标准，以此作为选拔人才的依据。

（6）YG性格测查：

YG性格测查量表是日本京都大学心理学教授矢田部达郎（Y）根据吉尔福特（G）等编制的性格检查量表修订而成，在日本广泛使用。该量表根据性格的特性理论来编制，共分12个特性，分别由10题组成，共120题，每题3个供选答案，分别记为2、1、0分。12个特性及得分意义参见表4-9：

表4-9　YG性格测查主要内容和得分意义

特性	低分意义	高分意义
1. D—抑郁性	开朗、沉着	抑郁寡欢、缄默
2. C—情绪变化	稳定	不稳定
3. I—自卑感	相信自己	轻视自己
4. N—神经质	理智，不易受干扰	焦虑、担心
5. O—主、客观性	实际，少空想	主观，自以为是
6. Co—协调性	信任人，乐群	偏激，易猜疑
7. Ag—攻击性	让人，谦虚有礼	对人不和悦，易激动
8. G—活动性	迟钝，动作缓慢，不开朗	活泼，开朗
9. R—细致性	谨慎小心	性急，粗心大意
10. T—思考的向性	内向，沉着	外向、热情
11. A—支配性	依赖性，无主见	积极主动，好出主意
12. S—社会的向性	内向沉着，不善交友，害羞	外向，爱交友，好出风头

YG性格测查可团体进行，要求被试独立答卷，约需40分钟，用套版计分，再将各特性的原始分画在剖面图上，连成性格曲线。根据曲线可把性格分成五种类型（参见表4-10）。

表4-10　YG性格类型

性格类型	情绪稳定性	社会适应性	向性
	D. C. I. N	O. Co. Ag	G. R. T. A. S
A类—平均型	平衡	平衡	平衡

B类一不稳定不适应积极型	不稳定	不适应	外向
C类一稳定消极型	稳定	适应	内向
D类一稳定适应积极型	稳定	适应或平衡	外向
E类一不稳定不适应消极型	不稳定	不适应不平衡	内向

(7) 罗夏墨迹测验：

罗夏墨迹测验由瑞士精神科医师 H. Rorshach 于 1921 年编制，是投射技术的运用，对于诊断人格异常有一定价值。

该测验由 10 张精心制作的墨迹图构成，其中 7 张为水墨墨迹图，3 张为彩色墨迹图。测验分为两步：一是联想阶段，将 10 张图片按顺序逐一交给受试者，问其看到什么，不限时间和回答数目，一直到没有回答时再换另一张，同时作好记录。二是询问阶段，看完 10 张图后，再从头对每一回答都询问一遍，问其看到的是图的整体还是部分，为什么说像某物，作好记录。两阶段结束，测验即告完成，再进行结果分析。罗夏测验的记分系统与结果分析较复杂，一般需根据反应时间、回答的部位、回答的依据、联想的内容等几个主要指标来分析。如针对形态水准评价，优秀水准是反应内容与墨迹像一致，明细化和组织化方面一般反应优秀；良好水准是反应内容与墨迹像大体相符，无不适当的明细化和毫无道理的构成；不良水准是正确度和一致性降低；病态水准是形态的正确度和一致性丧失。

罗夏测验用于诊断，主要靠经验，主观性大，技术复杂，训练要求高，费时间，难掌握，我国目前临床使用较少。

(8) 主题统觉测验（TAT)：

TAT 由 Morgan 和 Marray 于 1935 年编制，先用于研究幻想，1938 年在哈佛心理研究所用于研究人格，后来又用于研究精神病临床诊断和儿童心理发展研究。适应年龄为 14～40 岁，也是一种重要的投射技术应用。

TAT 由 30 幅画片和 1 张空白卡片组成，它与罗夏测验的墨迹图不同，有一定主题，不是完全无结构的，都是一些含义隐晦的情境。每张卡片都标有字母：M—男人用，F—女人用，BM—男孩和男人共用，GF—女孩和女人共用，BG—男孩和女孩共用，MF—男人和女人共用。按照年龄和性别，把卡片组合成4套，每套20张。测验分2次进行，每次只用10张图片。测第一系列花1小时，一天后或更长时间后测第二系列。测验是在安静的环境中进行，让受试者坐得舒适，指导语是："我要将一些图片给你看，并要你根据每一张图画的内容讲一个故事。请你告诉我图画说明了什么样的情况，此时发生了什么事，图画的主人翁内心有何感触，结局如何。想到什么便说，别忙，能说多少便说多少。"然后逐一出示10张图片。后10张图片内容较为奇特复杂，容易引起情绪反应，第二次指导语要受试讲故事时更加发挥想像力，讲得更加生动。要求被试根据每张图片讲一个300字左右的故事，心智健全的成人所讲故事若少于140个字，表示缺乏亲睦关系和合作态度，就不再分析。讲完故事后立即进行询问，询问依据指导语，解释依据图画。测验解释者要经过几月训练，还需具备临床经验。

TAT是人格测验，不能作为诊断工具，但可以发现受试者一些病理特征：如情绪不稳的人看图以后情绪反应过分，任意编造故事，或因情感而中断故事；抑郁者讲故事时表现抑郁，观念性活动受阻，回答问题言词简短；强迫观念者描述图时详细得出奇、古怪，出现过多的解释，卖弄学问；偏执者见到的主题常常是猜疑、特务、偷偷摸摸，推断主试者动机，解释图片过于道德化；精神分裂症患者讲故事时常有妄想性内容、荒诞的幻想、脱离社会现象、前后矛盾、内容过于推敲、象征化或模糊不清，或将同性恋、性反常和违禁的侵犯内容介绍到故事中。

（9）绘画测验（SHTP）：

SHTP全称为统合型房—树—人测验，由日本学者60年代推广应用，即将过去的绘人测验、画树测验等合并成一种测验，以便有效地探测被试的人格特征。该测验也是运用投射技术。专家们认为，投射法不像问卷法那样易于掩饰或伪装，也不存在因对题意不理解或对自身不了解等原因而使答卷失真的弊端，能在被试者对测验目的无所觉察的情况下，唤起内心世界或人格过程的各种表现形式，引出非同寻常、内容丰富的反应资料。投射法测验给予被试的精神压力或创伤体验也较少。

SHTP测验工具简单，一张纸、一支笔和一块橡皮就够了。测验指导语是："请在这张白纸上任意画一幅包括房子、树、人在内的画。要求认真地画。时间不限，允许涂改。"针对绘画特点，适当询问，做好记录。

分析有三部分，一是总体印象，对被试者的直觉，是否认真合作，还是敷衍了事，记录测验时间，正常人5～10分钟完成。二是形式分析，即分析画了怎样的画。如主题是否缺失，房、树、人的统一性，远近感，顺序，大小，位置，边缘是否被切断，笔压轻重，线条曲直，对称性，透明化，立体性，详细性等。三是内容分析，即分析画了什么。如房子一般反映被试对自己家庭或家族的看法、感情和态度，树木反映潜意识中的基本自我形象、理想化的自我或心理成熟度，人物反映意识中的自我形象和他人形象。

SHTP是一种观念画，被试在绘画过程中，往往结合自己的既往经验和现在欲求，下意识地、不由自主地表现出自己的感情和需求。正是本人的经历、知识、人格特征决定了画出怎样的画。SHTP测验博采众长，集绘人测验、画树测验、格式塔测验之大成，因而能敏锐地测知人格成熟度、智力状况、有无退行倾向或严重精神功能障碍。如精神发育迟滞患者常常出现幼儿画的特点，房无门窗，单线树干，人物性别不明等；精神分裂症患者的画不仅有退行表现，还有特征性病态标志，房子无顶，透明墙，枯树残枝，人物的五官肢体残缺不全。

SHTP简单易行，适用面广，限制性少，比罗夏墨迹测验优越，更能具体地了解被试的心理冲突和人格特征。但在分析方面，信度和效度尚需进一步研究，还要结合临床观察、问卷测验等资料作出全面解释。

五、心理异常预防和治疗技术

1. 心理异常的三级预防

预防为主，不仅是我国卫生工作的方针，也是消除心理异常的治本措施。心理异常出现以后，常常给当事人、家庭及社会带来困惑，而且治疗不易，还影响今后的学习、就业。若进行早期预防，投资少，收益大，效果好。目前强调三级预防。

第一级预防是指提高人的心理素质，消除病因。这依赖于家庭、学校和社会的共同合作参与，控制生物、心理、社会病因，防患于未然，避免心理问题产生。在家庭预防方面，要创设和睦的家庭环境，加强亲人间的情感交流和相互理解，及时满足心理需要，丰富家庭文化生活，提供合理的膳食与营养，通过家长学校提高家长的心理素质水平。在学校预防方面，要使教育计划、教学方法、作息制度和行政管理各个环节都有利于青少年身心发展，通过系列的健康教育，增强他们的自我强度，提高其健康水平。在社区预防方面，开展广泛的宣传教育，加强心理问题防治的立法，逐步建立城市的市、区、街或农村的县、乡、村等三级防治网络，培训各类心理保健人员。

第二级预防是指早期发现、及时治疗心理异常患者。对心理行为问题发现越早，干预治疗越及时，效果越好。第二级预防的工作重点是学校和家庭。要制定学生心理行为筛查制度，对智力、心理状态、行为表现、发育史和家庭环境定期监测，建立心理行为档案，发现问题学生，及时请专家诊治。对那些心理发育异常，早期经历创伤，家庭背景不良等“高危”者要重点防护。学校可以开设心理咨询室、特殊教育训练班等，家庭也需积极配合，为问题学生提供及时服务。

第三级预防是指减轻患者的损害，促进康复。第三级预防的工作主要在医院、康复机构和家庭进行。对患者要及时治疗，加强指导、训练和护理，使问题得以纠正，减少后遗症的发生。还要注意消除对患者的社会偏见与歧视，保障他们的合法权益，使之正常生活。家庭环境的改造尤为重要，家属和监护人应当积极参与配合，坚持对患者进行长期、细致的家庭辅导训练，使他们逐步康复。

2. 选择有效的心理疗法

心理治疗是治疗者运用心理治疗的有关理论和技术，对来访者进行帮助的过程，以消除或缓解来访者的问题或障碍，促进其人格向健康、协调的方向发展。

心理治疗自古代以来就存在，科学意义的心理治疗是18世纪末才开始的。19世纪初，催眠术开始流行，成为当时治疗精神病的主要手段之一。弗洛伊德在此基础上创立了心理分析疗法，建立了一套心理治疗的理论和方法，成为心理治疗发展史上的一个里程碑。心理分析疗法成为20世纪上半叶占主导地位的治疗，为精神科医师广泛采用。50年代后，心理治疗方法种类日益增多，从事心理治疗的不仅是精神科医师，还扩大到临床心理学家、社会工作者、牧师、儿科医生和保健人员、教师、司法工作者等。近40年来，艾森克等人创立了行为疗法，通过学习理论的原则来改变不良行为，成为时髦的治疗方法。心理治疗在我国起步甚晚，1953年少数学者曾对神经衰弱进行集体和个别的心理治疗，1958年又对神经衰弱者施行了“综合快速疗法”，后来在此基础上，形成了“悟践心理疗法”。近10多年来，心理治疗方法才被广泛应用，各种变式疗法相继出现，心理分析、行为矫治、人本主义的来访者中心疗法、认知领悟疗法、森田疗法、催眠治疗、本体心理学治疗、现实主义疗法、人性主义治疗以及家庭治疗、婚姻治疗、游戏治疗、社区康复治疗等新的方法技术不断涌现。

心理治疗的一般原则同于会谈技术中的要求，要让来访者倾诉其苦衷，消除不良情绪，要使之懂得一些相关的治疗知识，学会分析自己的内心世界和性格缺陷，找出病因，相信健康掌握在自己手中，改变不良的生活态度和行为方式，培养健康的个性，促进健康水平。心理治疗者不仅要熟知心理学、神经和精神病学专业知识，还要具备丰富的人文科学、自然科学知识和生活经验，不仅懂得对方的心理，还要保持自己的心理健康。心理治疗的一般程序包括体格检查和心理测验，填写病史，安排适当的治疗环境，选择合适的谈话方式或治疗技术，并注意疗效的巩固和随访。尽管目前心理治疗的方法越来越多，心理治疗技术的分类越来越细，但总的分类仍可按传统的三大心理学理论流派来分。

一是心理动力学派的心理疗法，由弗洛伊德创立，即认为病人的心理障碍是由于压抑在潜意识中某些幼年时期所受的精神创伤所致，通过内省方式，用自己联想的方法将这些痛苦体验挖掘出来，让焦虑的情绪得以发泄，并对病人的谈话内容进行分析解释，使其领悟，从而改变原来的行为模式，重建人格，达到治疗目的。此称为经典的心理分析疗法。后来，弗氏的追随者们重视文化、社会因素和人际关系的作用，修订了“性力”等先天本能作用，使疗程缩短，治疗对象也从神经症扩大到重型精神病人。

二是行为主义学派的心理疗法，来源于华生行为主义理论、巴甫洛夫的经典条件反射、桑戴克和斯金纳的操作条件以及班杜拉的社会学习理论，认为病人的异常行为是通过学习获得，也可通过另一种学习而消失。现代的行为治疗分外显行为矫正和内部自我调整两部分，前者有应答行为治疗、操作疗法、替代学习治疗和认知疗法等。应答行为疗法是根据条件反射原理，建立一个对抗的条件作用，以消除异常条件反射，并建立正常条件反射，如系统脱敏、厌恶疗法就是这类技术。操作性行为疗法是用奖励方法强化所期望的行为，用惩罚消除不需要的行为而达到治疗目的，常用的有代币法、塑造法和消退法等。替代学习治疗是让病人学习他人的榜样与示范，以替代旧的行为。认知疗法是通过改变病人的错误信念和情绪，来纠正其行为。内部自我调整是指通过自我训练，学会随意控制内脏器官的活动与行为，如生物反馈技术和放松疗法等，借助仪器或一定技术，经过自我意识的调整以及呼吸和姿势的调节，达到全身肌肉、思想和情绪的放松。

三是人本主义学派的心理疗法，由马斯洛、罗杰斯于20世纪60年代创立，认为人除了有生物潜能外，还具有心理潜能，有需要和动机，如能满足人的自我实现或创造潜能的发挥这些最高层次的需要，就最为健康。心理治疗就是要实现对人的价值和尊严的关心。这类疗法有存在主义疗法、完形疗法和现实疗法等。存在主义疗法关注“什么是存在?”了解病人在现实生活中怎样理解和体验存在，强调此时此地可以做些什么来解决目前的痛苦，帮助患者认识自己的潜能，驱使他去改善自身的情况和人际关系，建立自己的生活目标。完形疗法又称格式塔疗法，要求病人从整体上去认识自己的各个方面，说出现在此时此地的认知和体验。现实疗法治疗者认为人的心理行为是由于人不能负责任所导致的，治疗的中心任务是帮助病人承担起个人的责任，积极解决现实问题。

根据心理现象的实质来分，心理治疗还可分成言语治疗、非言语治疗等，后者有音乐疗法、戏剧疗法和绘画书法治疗等。根据医患沟通的方式分，有个别心理治疗和集体心理治疗。根据病人的意识范围分，有觉醒治疗、半觉醒治疗和催眠治疗等。这些治疗的功能与技术要求各不相同，要根据来访者的具体情况正确选择。

3. 行为治疗

行为治疗有时又称为行为矫正，是依据条件反射学说和社会学习理论改变人不良行为的一种技术。现代行为治疗同时关心人的外在行为和内在心理过程，特别是认知和意识过程，从根本上改变人的不利行为。

行为治疗是20世纪五六十年代发展起来的一门技术，近几十年发展极快，内容扩大、方法更新、信息增加、趋向整合。从过去传统的系统脱敏法、厌恶疗法和强化法发展到生物反馈、认知疗法和家庭疗法等，尤其是认知疗法，代表着行为治疗的发展方向。

行为治疗的一般原则有：取得患者和家属的充分合作，详细了解病史，确定问题行为，选择合适的矫正方法。行为治疗的方法有很多（参见表 5-1），以下介绍几种常用的方法。

表 5-1 行为治疗方法一览

方法	基本内容
正强化	运用喜好的刺激作强化物，以增加良好行为的出现率；
惩罚	施加惩罚物或取消正强化物，以减少不良行为的发生率；
负强化	除去厌恶刺激，以增加良好行为的出现率；
消退	停止强化使行为出现频率降低，或停止惩罚使原减少的行为又增加；
间歇强化	有时强化，有时不强化，以增加良好行为或减少不良行为；
塑造	建立新行为，从不会到会，以增加行为数量和行为的力量与强度；
渐隐	逐渐变化刺激，使个体对这个适当的刺激作出反应；
链锁	通过一连串刺激一反应链来建立较复杂的系列性目标行为；
厌恶法	将厌恶刺激与不良强化物多次重复配对，使减少不良行为；
模仿示范	通过示范、观察学习来增加获得良好行为，减少消除不良行为；
指导	通过言语和书面指导以及身体接触上的动作指导，使个体控制行为；
情景诱导	有意识地运用情景和场所来控制行为；
代币法	用代币当强化物来矫正行为，代币积累起来可交换实物等；
自我控制	患者自己对自己实施矫正程序，以抑制不良行为或增加良好行为；
系统脱敏	在放松条件下从弱到强呈现刺激或情景，以使个体逐步脱敏与适应；
生物反馈	通过电子仪器学会有意识地控制自身的心理生理活动。

（1）系统脱敏法：系统脱敏是在松弛条件下，按照轻重强度顺序将诱发反应的境遇呈现给患者，让他逐步习惯这种刺激，消除敏感状态。可采用实践脱敏法，即让患者由轻至重逐渐暴露于不良情绪的场景，同时给予奖励，使之产生抵抗，逐步达到脱敏目的。此法适应于焦虑、恐惧等不良情绪治疗。

系统脱敏主要是根据沃尔普提出的交互抑制原理，用松弛对抗紧张。操作技术有三大步：一是训练肌肉完全放松，如运用渐进性肌肉松弛法，对机体每组肌肉依次训练，即“集中注意—紧张—坚持—放松—松弛”，对儿童可用音乐和游戏等方法使之放松；二是安排好刺激梯级表，一般分5～10级，从轻到重，逐步递增；三是让患者在完全松弛时依次想象或经历梯级表中的不良刺激事件，每事件重复数次，其间休息片刻，每一治疗期呈现2～5项事件，持续时间15～30分钟，直至呈现最强刺激事件也无不良反应为止。

系统脱敏还有冲击治疗和暴露治疗两种亚型。冲击治疗的刺激物是假想的情景，暴露治疗的刺激物是真实场景或实物。还有磁带放音脱敏、团体脱敏等多种形式。

（2）厌恶疗法：厌恶疗法是用引起痛苦反应的非条件刺激与形成不良行为的条件刺激结合，使病人在发生反应的同时感到痛苦，从而对不良行为厌恶，使不良行为逐渐消退。常用的厌恶刺激有电击、药物、手腕套皮筋、厌恶想象等。适应症是治疗酒瘾、吸烟、贪食、吸毒者。如对酒瘾者，在饮酒同时注射阿朴吗啡，造成恶心呕吐；对吸烟者也可利用电击装置，将电极置于手腕或手指，出现吸烟动作时引发电击，产生疼痛，从而戒烟。

厌恶刺激应有足够的强度和持续时间，使病人难以忍受而消除不良行为。如果病人主动掌握这一要领，自觉接受厌恶刺激惩罚，疗效会更好。

（3）生物反馈疗法：生物反馈疗法是借助仪器将体内原不能察觉的生理活动信息记录放大，并转换成视听信号，通过仪表显示出来，以便人们认识与体验，从而学会有意识地控制自身心理生理活动，调整机体功能，防治疾病。此法适应症是紧张性头痛或偏头痛患者，也用于由于过度紧张导致的心理功能障碍和各种心身疾病。常用的生物反馈仪有肌电、皮肤温度、皮电、脑电反馈仪等。

现以肌电反馈治疗紧张性头痛来说明具体要求。治疗前要做好准备，治疗室温度适宜，光线稍暗，安静，人少，向患者解释治疗目的和放松意义，对患者作“基线”测定，正确放置电极，再给患者心算等应激刺激，观察头部肌紧张反应与恢复时间。反馈仪放置病人前方，首次治疗时治疗者在一旁指导，使病人学会体验头部肌肉放松程度与反馈信息变化的关系，了解意念活动和影响生理信息变化，积极参与治疗过程。治疗中逐步调整仪器敏感阈值，训练患者，使头部达到理想的放松程度，从而使头痛缓解。生物反馈要定期治疗，每次 30 分钟，每周 3 次，一个疗程 4～8 周，可配合家庭自我训练，巩固放松体验效果。

4. 认知治疗

认知治疗是根据认知过程影响情感和行为的理论假设，通过认知、学习和行为技术来改变患者不良认知与行为的一类方法。它是 20 世纪 70 年代发展起来的，它强调认知过程在决定行为中的重要作用，认为行为和情绪均来自个人对情景的评价，而评价又受信念、形象、自我言语等方面的影响。它的理论假设有三个：一是行为和情绪由认知过程发展而来；二是治疗程序建立在学习理论基础上，能有效影响认知过程；三是治疗者应是诊断家和教育家，能发现不良行为的认识过程，并组织、安排学习活动来改变它们。

认知治疗虽是在行为治疗的基础上发展起来的，但它结合运用了多种理论与方法，反映出各种疗法的整合趋势，它是适应性最广的一类疗法，具有广阔的发展前景，用于治疗多种心理行为问题。认知治疗的方法有很多，以下介绍最有代表性的三种。

（1）合理情绪疗法（RET）：美国学者 Ellis 在 50 年代创立了合理情绪疗法，认为非理性信念是心理行为障碍的症结，治疗的目标就是除去非理性、不合理的信念，并以正确的信念取代之。非合理信念有三个特点：一是要求绝对化，事事从主观愿望出发，常用“必须”“应该”等字眼；二是过分概括化，以偏概全，认为自己一无是处，或一味责备他人；三是糟糕透顶，悲观、绝望、不能自拔。Ellis 提出了 RET 的 ABCDE 理论模型（见表 5-2）。

表 5-2　合理情绪疗法的 ABCDE 模型与举例

模型	举例
A—诱发事件	父母拒绝为女儿买自行车，尽管曾许诺过；

B—信念	女儿认为"父母出尔反尔，言行不一，不喜欢自己"；
C—后果	女儿感到愤怒、沮丧，对父母吵闹，发脾气；
D—辩论	有针对性地系统提问，使患儿认识到错误信念是反应的原因；
E—效应	改变信念，不良行为和情绪反应消除。

RET 的具体作法分四步：一是心理诊断，建立良好的医患关系，共同选择制订治疗的内容和目标；二是领悟，帮助患者认识不良情绪与行为的表现，其原因在于自己的非合理信念，找出这些非理性信念；三是修通，采用辩论的方法动摇患者非理性信念，并用合理的信念取代之，这是 RET 最重要的阶段，可布置认知性家庭作业（辩论报告），训练放松以加强疗效；四是再教育，探索与本症无关的其他非理性信念，并与之辩论，使患者学到与非理性信念进行辩论的方法，养成用理性方式思维的习惯，建立良好的情绪与行为。

（2）Beck 认知疗法：美国学者 Beck 自 60 年代以来一直从事认知治疗的研究，他于 1985 年总结了一套认知疗法，其原理与 RET 相似，但强调改变深层的认知结构，采用交谈和行为矫正相结合的技术，强调解决当前问题。Beck 认为，应激导致认知结构正常活动功能的损坏，应激过强时，个体原始的、自我中心的认知系统可能被激活，使之作出极端、绝对、单向的判断，思维失去了意志的控制，出现病理心理各种症状。因此，改变不良思维是治疗的关键。要从三个不同水平来纠正患者的错误认知：一是测查"自动性思维"，这种思维（包括观念、信念和想象等）在某些情况下立即出现，处在思维的表层，易于接近和测查；二是识别"潜在的设想"，它是较深一层的思维，是"自动性思维"的根源；三是测定并干预个体思维的"策略"，它是最深层的核心基础信念，常常坚定不移，成为治疗的焦点和难点。Beck 归纳了认知歪曲的五种常见形式，即"任意推断、选择性概括、过度引伸、夸大或缩小、全或无思维"，并提出五种认知疗法的基本技术：一是识别自动性思维，自动性思维已成为患者思考方式的一部分，要首先识别在焦虑、愤怒、悲观等情绪之前出现的特殊思想；二是识别认知性错误，即识别上述五种歪曲的认知，它比识别自动性思维要困难；三是真实性检验，检验错误信念是否符合实际，并用新的认知对抗旧的认知，这是认知治疗的核心；四是去注意，减少对自己一言一行的关注；五是监测紧张或焦虑水平，使其认识焦虑波动的特点，增强抗焦虑的信心。

该疗法的具体步骤是：通过会谈、观察日记、绘画等充分了解患者病情；从易到难有计划安排治疗进程时间表，逐步分析患者歪曲的认知，医患共同讨论合理化的思维方式，每次治疗30～60分钟，并布置家庭作业，如记日记、绘画，或填写ABC（刺激、信念、结果）表格；根据患者具体情况教以不同的行为矫正技术，如松弛和观察学习等；一般治疗开始每周1～2次，以后每2周1次，共12～20次。

(3) Meichenbaum自我指导训练法：自我指导训练法由Meichenbaum在70年代倡导，该法认为个人的行为和情绪受自我指导性语言所控制，通过学习新的指令，采用想象技术来解决问题，可达到治疗情绪和行为障碍的目的。该法主要是教会患者自我指导，面对产生焦虑和应激的情境采取适宜的对策，其重点是对付消极情绪而不是彻底消灭它。要抵制消极的自我判断，在应激情境出现时引入放松训练，有时还包括重新解释某种情绪，使患者认识到消极情绪并不很令人厌恶，对肯定的自我判断及时强化。

该法适用于治疗儿童多动症、焦虑、恐惧和退缩等心理行为问题，具体步骤是：训练患者确认不适当的想法；由治疗者示范适当的行为，并口头陈述有效的活动方式和策略；让患者口头陈述，自导自练，再通过想象，在内心重复演练几次。可让患者进行“应激预习”，让他学习适宜的应答技能，并迁移到其他的应激情境中。

5. 家庭治疗

家庭治疗是对家庭成员有规律地接触与交谈，促使家庭发生某些变化，使患者症状消除或减轻。家庭治疗的理论认为，家庭是一个系统，家庭成员之间的影响不是线性因果关系，而是环性反馈过程，治疗应从家庭整体结构中寻找病因，改变家庭成员间不良的相互作用规则，从而消除个体行为症状。

家庭治疗一般是由治疗者与患者以及父母一起进行谈话、示范和讨论。治疗的目标是，促进家庭成员间直接、积极和建设性的沟通，围绕特殊行为问题进行讨论，解决冲突，改变僵硬、失调的相互作用方式。家庭治疗要遵循一定的原则，如治疗者积极参与，依靠直接观察，用系统方式思考，着眼于当前，保持公正，不偏不倚，重视家庭成员能力，使其抱有希望，进行干预，促进改变等。

家庭治疗的方法分两步：一是对家庭进行诊断评价，了解家庭交互作用模式，社会文化背景，代际间的结构，家庭对患者症状的作用，家庭当前解决问题的方法等；二是进行定期访谈和布置家庭作业。访谈一般 1～2 小时，间隔 4～6 天，以后逐步延长至数月，访谈总次数 6～12 次。谈话具体步骤是，先由治疗者与患者交谈，父母在一旁听，反思自己存在的问题；其次治疗者与家长交谈，患者在一旁听，让患者想想自己的不良行为，最后在治疗者的主持下开始家人间的彼此对话，不追究

过去的责任和谁是谁非，而是朝前看，用一个新话题，谈论如何在家庭建立正常的对话气氛，应采取什么态度使自己家庭变成一个充满温暖、欢乐的家庭。年幼儿童由于交谈少，可结合家庭游戏进行。在访谈的间歇时期可布置家庭作业，要求亲子之间每天交流，以巩固疗效。家庭治疗中加强对父母的训练，将有利于提高对患者的治疗效果。还可将几个家庭安排在一起训练。

家庭治疗尤其适应于因家庭因素导致的心理行为问题的青少年患者，如学习困难、学校恐怖症、社会性退缩等。这里介绍作者在心理咨询门诊中对一例学习困难的初中生进行的家庭治疗实例。

治疗对象基本情况：

A某，16岁，男，独子，初三学生；因学习困难，初二留级复读一年；因近临“中考”，学习焦虑感上升，注意力不集中，解题速度慢，学习成绩差，一学期五门功课不及格；在门诊做智力测验（WISC）智商为86，体格检查和神经、精神检查未发现明显异常；系早产儿，父母均为工人，长期练习气功，曾让A学气功未被接受；为了提高孩子学习成绩，迎接中考，父母携子四处求医，但均无明显的“阳性”症状发现；A自觉有“精神障碍”，不能继续学习，在父母的陪同下，来心理门诊求治。

治疗过程与分析：

(1) 对家庭问题的评估：家庭治疗的第一步是要对家庭进行诊断评估，了解患者家庭的交互作用模式、家庭诸因素与患儿学习困难的联系、患者的求治动机，以便明确治疗的目标。以下是治疗过程中的一段对话：

咨询师（以下简称师）：“能否告知我，是谁介绍你们来这儿求询的？”（关注患者的转诊背景，以便迅速同家人“接合”；A未回答，其父母在对面的长沙发上相背而坐，父亲欲言但被母亲抢过话题）

母：“我们带着孩子去过好多医院求治，吃了不少药，但未能提高孩子的学习成绩，医生推荐到心理咨询门诊寻求帮助，你们可有提高学习成绩的办法？”

师：“那要取决你们全家人是否能积极参与治疗……”（提高家人积极参与治疗的动机；在介绍家庭治疗的性质后，转向A询问）“你最近感觉怎样?”

A:“我不想学习了……”(看到母亲正瞪眼怒视着自己，马上转变话题)“我有精神障碍，要休学。”

父:“精神障碍是他妈妈的评语，他根本没有障碍，只是动作太慢，平时在家我只好帮他的忙……”

母:“就因为你事事替他做，袒护他，害得他一考试就紧张!”

至此，家庭交互作用的模式与问题系统已反映出来：父母之间与亲子之间的情感交往不良，母亲说了算，对孩子严厉，父亲袒护孩子，且父母对孩子的教育态度不一致，使孩子无所适从，缺乏自信心和学习动机；而父母又因孩子的学习困难相互责备……如此恶性循环。孩子为什么说自己有精神障碍？父母的真实想法是什么？显然需要进一步了解。随即咨询师布置了家庭作业，希望A和父母回家讨论“精神障碍”，重在当前表现，不追究孩子过去的学习问题，下次来访再谈各自的看法。

(2) 扰动家庭中的问题系统：扰动是指通过提问、解释等技术手段干扰、搅动患者家庭中的原有规则，激发家人思考，形成家庭的新观念、新目标和新行为。第二次治疗开始，咨询师先单独与A交谈，了解到A所称的“精神障碍”是指已有长期的频繁手淫习惯（每周2次），已被父母知道，自觉“元气丧尽”，“愧对父母”。咨询师向A解释手淫行为的发育性质，使其排除罪恶感，再请父母参与讨论。以下是治疗的片断：

师:“你们说孩子有精神障碍吗?”

母:“当然有，他注意力不集中，学习不专心，总是胡思乱想……”

师:(打断母亲的话，控制强者，辅助弱者，问父亲):“假设孩子有青春期的生理冲动，发生自慰行为，你怎么看?”

父:“孩子长大了，恐怕这些行为不是异常吧?”

母:“孩子这些行为太频繁了不影响身体? 你还在迁就他!”

师:(又一次打断母亲对父亲的埋怨，转问A):“你还记得第一次自慰行为发生的情景吗?”

A:“嗯，是小学二年级时在书摊上看到女孩的裸体图片……”

(父母愕然地面面相观，虽知道孩子有手淫，但难以相信这么早就发生了，孩子手淫已有8年！是社会上的不良因素害了他！）

师：（及时小结，改变话题）：“孩子上小学时学习并不差，可见学习困难还有其他的原因……你们希望孩子将来做什么？”

父：“希望他通过中考，升入普通高中。”

母：“希望他能上大学，不要像我们，没有权，又没有钱。”

师：（对A问）：“你的想法呢？”

A：“我觉得自己不是读书的料，他们的要求太高……”

父母：……（无语，但若有所思）

咨询师进一步地解释，孩子目前的学习困难并不是手淫导致的结果，而是与父母过高的期望水平相关；孩子未能参与对自己前途的设计，学习无动机，开始用厌学的方式来对抗父母的要求，以“精神障碍”患者的角色来缓解家庭的压力。父母在教育问题上不一致的态度和方式使孩子有机可乘，厌学情绪和学习困难表现加重。

（3）家人之间的对话和对未来的讨论：随后的二次治疗在咨询师主持下进行了家人之间的相互对话，让亲子之间互换角色想问题，使父母逐渐明白他们为孩子拟定的目标并不切合实际，认识到教育态度不一致对孩子会产生消极影响；孩子也逐渐明白自慰行为并不是精神障碍，与学习困难无直接联系，扮演患者的角色以逃避学习既不能解决问题、还会伤害父母的良苦用心。咨询师又布置了新的家庭作业，要全家人共同拟定或讨论孩子的成长方案，把未来的路开拓得宽一些（咨询师只提建议，不代替家人作最终决定）。

经过四周共4次治疗，获得了短期效果：孩子与父母共同拟定了学习成长方案，把中考和上普通高中作为第一目标，进职业高中为第二目标，参军或就业为第三目标……父母能够相互合作，对孩子的教育态度和方式一致，不袒护，不斥责，为孩子创设良好的家庭心理环境；孩子也树立了学习的自信心，能够集中注意力，自慰行为逐渐减少，并通过咨询师的进一步指导训练，掌握了一些学习方法与考试技巧，充满信心地迎接中考。

本治疗运用了家庭治疗的多项原则与技术，如注意转诊背景，同家人迅速接合，顺利探查到患者的学习困难与家庭不良的作用规则相关；在治疗过程中，不纠缠对孩子学习困难的诊断，而是以寻求帮助措施为主，可提高患者与家人的参与意识和信心；交谈中保持公正、着眼当前与未来、让家人自己作决定促进了治疗过程的顺利发展；运用扰动、循环提问和假设前馈式提问，使家人积极思考，反思整个家庭与自身的问题，从而建立新的教子观，重新拟定孩子的学习目标。对孩子的手淫问题采取了淡化与转移策略，即通过提问向家人暗示手淫与学习困难无关，孩子的问题可能与不良的社会因素相关，这样一方面可减轻父母对孩子的压力，另一方面可以阻断孩子“继发性获益”——患了精神障碍可以免除学习的压力和父母的指责。

有关学习困难的社会因素显然已超出了家庭治疗的范围，仅用家庭治疗的方法，改变家庭不良的相互作用方式和父母的期望水平，降低孩子的学习目标，由此获得的疗效是有限的，因为孩子的前途和就业压力依然存在，家庭为之付出了许多代价！要从根本上缓解全国数千万在校生的学习困难，必须推行更大规模的“学校治疗”和“社会治疗”。

6. 心理分析治疗

心理分析治疗由弗洛伊德创立。治疗者必须熟悉心理动力学理论，包括潜意识、本我、自我和超我的人格结构、性发展阶段学说以及心理防御机制等。治疗的主要目标是分析病人所暴露的、压抑在潜意识中的心理资料，使病人意识到焦虑情绪的根源。

心理分析的会谈须安排在安静、温暖的房间，让病人斜躺在舒适的沙发椅上，面朝天花板，便于集中注意力于回忆上。治疗者坐在病人身后。会谈时间每次45～50分钟，每周会谈5次，一般全治疗过程需要半年至2年之久。

心理分析的主要技术有下述几种：

(1) 自由联想：每次会谈让病人选择自己想谈的题目，如生活、爱好等，随脑中涌现的念头脱口而出。开始病人较难开口，他常常会担忧给治疗者留下的印象。随着治疗者的鼓励与指点，病人逐渐沉溺于往事回忆之中，内心深处无意识的闸门不自觉地打开，谈出的事情往往带有情绪色彩。有时病人突然出现“抗拒”，不语、转题、冲动行为、扬言不再来，这是病人心理症结所在，要帮助他克服这一无意识的抗拒，用同情的语调引导病人将伴有严重焦虑和冲突的事情进入病人意识中，将压抑的情感发泄出来。用成人的心理去重新体验旧情，较容易克服幼稚的情绪反应，使症状得以消除，此技术又称情感矫正。

（2）梦的分析：弗氏认为，梦是潜意识冲突欲望的象征，做梦是为了避免被他人察觉，所以用象征性的方式以避免焦虑的产生。对梦加以分析，可发现这些象征的真谛，从而找到解决冲突的办法。在会谈中要求病人谈谈梦，并把梦的不同内容自由地加以联想，以便治疗者理解梦的表面故事等外显内容，也能洞察隐梦和故事的象征意义这些潜在内容。

（3）移情：会谈中病人往往把治疗者当成发泄的对象，把与他人的病态关系转移到治疗者身上，此现象称为移情。此时，病人表露出特殊的感情，把治疗者当做救星或热爱的对象，称为正移情；或把治疗者看成魔鬼或憎恨的对象，称负移情。移情是治疗过程中必然会出现的好现象。治疗者要善于利用这一移情关系，把握病人的人际关系状态，循循善诱，让病人认识建立良好人际关系的必要性，最后消除移情问题。

（4）解释：心理分析治疗的中心工作就是向病人解释他话语中潜意识的含义，帮助病人克服抗拒，使之被压抑的心理资料源源不断地通过自由联想和梦的分析暴露出来。解释要逐步深入，用病人的话作依据，使用对方能理解的语言。

经典的心理分析疗法常常用“幼年性创伤”来解释和分析病人的现症表现，这一做法不被后来许多心理分析家所接受，尤其不适合我国文化背景中的求治者。心理分析疗法的主要适应症是心因性神经症，不适合儿童和重性精神病人，而且耗时长，效率低，费用开支大，目前使用这一技术的治疗师较少，而在影视或文学作品中出现得较多。

我国学者钟友彬于20世纪70年代提出的认知领悟疗法是中国式的心理分析疗法，它保留了心理动力学理论中有关潜意识和心理防御机制部分，承认幼年创伤体验对个性形成的影响，并可成为成年心理疾病的根源，但不同意把心理疾病都归结为幼年的性心理症结。治疗时要用符合病人生活经验的解释使其理解，认识并相信症状与病态行为的幼稚性、荒谬性和不符合成年人逻辑的特点，使病人真正领悟，使症状消失。

7. 以人为中心治疗

以人为中心治疗由罗杰斯于1942年创立，它源于人本主义心理学理论，与心理分析疗法不同，不要来访者回忆压抑在潜意识中的心理症结，而是帮助他认识此时此地的现状。来访者缺乏自知，不能正确认识当前环境，拒绝感受当时的情感体验而产生病态焦虑，因此，治疗的目标是让来访者进行自我探索，了解与自我相一致的恰当的情感，靠自己本身的力量来治疗自己存在的问题。

该法的主要技术是，治疗者在会谈时不以权威专家身份去分析解释，而是以朋友身份鼓励来访者发泄内心情感，不作任何评价，只对情感作出反应。在会谈过程中少提问，不解释，无条件地关心对方，使之感到温暖与真诚，从而没有顾忌地畅所欲言，逐渐从消极被动的防御性情感中解脱出来，不再依靠被人的评价来判断自己的价值。该法认为来访者都有自我实现的健康态度，一旦认识自己问题的实质，就能发挥出自我调节和适应环境的潜在能力，改善人际关系，达到治疗目的。

该法的治疗时间和次数不固定，由来访者自行决定，可以集体进行，10人左右，每周1～2次，治疗者只是其中一员。此法适应症主要是神经症。对我国心理咨询门诊的多数求助者来说，他们习惯于被“指导”，求“处方”，因此，单纯应用此法效果缓慢，需要配合应用一些其他心理治疗技术。

目前心理治疗的方法数百种，其理论与技术方法正趋向整合。不同方法疗效相近，各有千秋，没有哪一种理论和方法适用于所有来访者。从心理咨询门诊经验出发，一般是先采用以人为中心的治疗技术来收集资料，建立良好的同盟关系，同时，运用心理分析疗法发现问题的根源和非理性信念或不良认知，再运用认知治疗技术来改变来访者的不良认知，并通过行为疗法克服某些行为症状，最后采用家庭治疗和社区康复技术为来访者提供良好的心理支持，以巩固疗效。

8. 药物治疗

心理异常患者常常伴随躯体症状，应该在心理治疗的同时，采用某些药物治疗方法以促进疗效。特别是对重性精神障碍患者，必须实施以药物治疗为主的方法。

药物与心理异常密切相关，一方面药物可以治疗异常心理症状，另一方面药物使用不当，也会引起心理上的变异。导致记忆力减退的药物有安定、催眠药、镇静剂、抗癫痫药等；导致意识障碍的药有阿托品、安定、抗组织胺药等；引起情绪改变的药有抗高血压药，会引起抑郁，异烟肼导致欣快；引起精神运动性失调的药有安定、抗精神病药和催眠药等；引起幻觉妄想的药有苯丙胺、激素和异烟肼等。

药物有一定的生理效应和心理效应。影响药物生理和心理效应的因素有很多：一是文化因素，如患者的求医行为、选药的习惯与偏见、民间传说、广告宣传、经济状况、社会地位、对中药或西药的信念等；二是疾病性质，止痛、催眠、镇咳、助消化药较易产生心理效应，抗生素和解毒剂容易产生生理效应；三是个体特征，癔病人格者和儿童较易出现心理效应；四是药物的制备、剂型和包装，多数人喜欢白色和具有甜味的瓶装药品；五是用药心理，青年人喜欢用作用强、见效快的药，公费医疗者喜欢进口药和名贵药；六是药物副作用，副作用大的药病人不易接受，会不遵医嘱，中断治疗。

为了促进药物的心理效应，临床上常用安慰剂。安慰剂是

指无疗效和毒副作用的中性物质制成的外形似药的制剂，多由葡萄糖和淀粉组成。安慰剂对于那些渴求治疗、对治疗者充分信任或崇拜的病人，能产生积极的心理药效，又称安慰剂效应。有安慰剂反应者的人格特征是：好与人交往，有依赖性，易受暗示，自信心不足，喜欢注意自身的各种生理变化和不适感，有疑病倾向和神经质特点。大约40%的心理变态者会出现安慰剂效应。因此，要注意治疗者的言行和环境气氛对病人用药的影响，一方面使好的安慰剂效应出现，另一方面要鉴别巫医假药的骗术。

治疗心理异常的常用药物参见表5-3。用药一定要遵医嘱，一般常见的错误是用药剂量不足或过早换药。抗精神病药使用时药物须足量，维持6～8周，无效才考虑更换，不主张联合用药。一般日服一次，睡前服用，急性期以肌肉注射为好。多数精神分裂症患者病情缓解以后须用药物维持治疗1～2年，以预防复发。

表5-3 治疗心理异常的常用药物

药名	主要治疗作用、副反应和注意点
1. 抗精神病药	
氯丙嗪 chlorpromazine	控制兴奋躁动，消除幻觉，心血管和肝功能损害
奋乃静 perphenazine	控制幻觉妄想，震颤麻痹锥体外系症状
三氟拉嗪 trifluoperazine	治疗行为退缩和情感淡漠，锥体外系症状
泰尔登 taractan	控制焦虑和抑郁，不常用
氟哌啶醇 haloperidol	控制急性兴奋和幻觉妄想，锥体外系症状
氯氮平 clozapine	控制兴奋躁动和幻觉妄想，流涎，白细胞减少
舒必利 sulpiride	治疗淡漠退缩焦虑抑郁，副反应少，显效快
2. 抗抑郁药	

丙咪嗪 imipramine	用于伴有迟滞症状者，植物神经症状，昏迷
阿米替林 amitriptyline	抗抑郁和焦虑、镇静，同上
多虑平 doxepine	治疗慢性疼痛，同上
苯乙肼 phenelzine	提高情绪，改善睡眠，激动，震颤，肝炎
马普替林 maprotyline	镇静、抗焦虑，副作用少，显效快
3. 抗躁狂药	
碳酸锂 Lithium carbonate	预防躁狂抑郁发作，恶心呕吐，震颤，中毒
卡马西平 carbamazepine	治疗急性躁狂和预防复发恶心呕吐，视力模糊
4. 抗焦虑药	
安定 Diagepam	用于持续性焦虑和躯体症状，嗜睡依赖，青光眼禁用
利眠宁 librium	镇静催眠，抗焦虑，恶心呕吐，依赖

六、青少年病态人格与性行为

1. 病态人格会持续终身

病态人格是一组以人格结构和人格特征偏离正常为主的障碍，患者形成特有的行为模式，对环境适应不良，明显影响其社会和职业功能，或者患者感到痛苦，障碍开始于童年或青少年时期，并一直持续到成年或终生。

人格障碍在教育上有时称为不良人格，因为人格主要在社会活动的人际关系中表现出来，适应社会生活者称为正常人格，适应不良者称为不良人格，与社会发生严重冲突时称为病态人格。可见，这里是应用社会适应标准来定义人格问题，不良人格和病态人格只是程度的不同。

病态人格是在没有认知过程障碍或没有智力障碍的情况下出现的异常情绪反应、动机和行为活动，是人格发展的内在不协调，即认知能力、情绪反应和意志行为三个方面的活动发展不协调，抽象思维和形象思维之间发展不协调，理智活动和本能情绪反应活动发展不协调。如抽象思维过分畸形发展，人会表现出过分理智化，缺乏人情味和应有的情感色彩；若形象思维过分畸形发展，人会陷入幻想，感情用事，易受暗示，矫揉造作；如本能意向活动畸形发展，人会缺乏理智，放荡不羁，缺乏自控，行为淫乱。

人格障碍和神经症在早期很难鉴别，有些患者从社会角度看是病态人格，而从临床角度看是神经症。有人认为人格障碍从小就有，没有神经症的典型病程，疗效差，患者本人不感痛苦，也不主动求医，而神经症则否。

人格障碍与精神病也难区分，有人认为，病态人格不是真正的精神病，因为它缺乏病因、发病日期、病程和转归这些典型的疾病单元特征。在实际生活中，病态人格和正常人格很难画一条明确分界线，因此难以归为精神病类。人格障碍和精神病的主要区别在于：前者无神经形态改变，只是功能变化，患者无意识障碍和认知缺陷，能处理日常生活，病态人格相对稳定，而精神病则否。

人格障碍患者多有道德伦理观念沦丧或违法犯罪倾向，尽管两者表现相似，但区别是显而易见的：违法犯罪有预谋，有明确动机，手法隐蔽，而人格障碍导致的犯罪无预谋和动机，手法不隐蔽。

尽管在人格障碍的涵义上讨论观念不一，但对其临床诊断标准却能达成共识。人格障碍的诊断标准是：

症状标准：至少符合下述三项。

（1）患者有特殊的行为模式，表现在情感、警觉性、感知和思维方式上，有明显与众不同的态度和行为。

（2）特殊行为模式是长期、持续性的，不限于精神疾病发作期。

（3）这种特殊行为模式使得患者社交适应不良。

严重程度标准：需符合下述两项之一。

（1）患者社交或职业功能明显受损。

（2）患者主观上感到痛苦。

病程标准：是开始于童年、青少年或成年早期，现年 18 岁以上。

排除标准：人格障碍不是躯体疾病、精神疾病或精神刺激因素所引起。

人格异常的成因包括生物、心理和社会三类因素。在生物因素方面，研究证据表明，正常人格部分是遗传的，但对人格障碍能否遗传还未取得满意的证据。有人提出人格障碍可能是由于极端的遗传变异。对双生子犯罪问题研究表明，单卵双生同时犯罪率显著高于双卵双生，罪犯中一部分为人格障碍患者，具有情绪暴发性和行为冲动性的生理素质，若后天环境不良，会促发反社会等违法行为。寄养子研究也证明遗传因素的影响。部分人格障碍患者有脑电图方面的改变，出现慢波，与儿童脑电图近似，所以有人认为某些人格障碍是大脑发育成熟延迟的表现。还有人提出人格障碍与内分泌激素有关，如攻击性人格与睾酮有关，攻击行为还与染色体畸变47XYY核型有关。边缘系统的功能失调和发育不健全也影响到人的情绪和行为。围产期的损伤、感染和营养不良会损害脑的发育，从而引起人格异常。

在心理因素方面，人格发育过程中，早期环境和家庭教育是重要因素。如早期母爱被剥夺，可形成缺乏感情的性格，对社会冷淡，成年后爱挑衅，易冲动，反社会行为多。人格发展与父母教养态度相关，父母过于严厉，会养成儿童焦虑、胆怯的性格；过于溺爱，会养成儿童被动、依赖的性格。有人认为人格障碍是错误学习的结果，如父母、同伴、影视人物的不良人格会成为儿童的示范榜样。

在社会因素方面，恶劣的社会环境和不合理的社会制度是造成人格障碍的温床。调查表明，人格障碍的发生率与家庭破裂、偷窃、抢劫、卖淫、流氓活动、酗酒、吸毒等不良生活方式有关；家庭经济贫穷、失业、受歧视、居住拥挤、教育机会不足等等因素对人格发展均有不良影响；社会上的激烈竞争、拜金主义和“黄毒赌”等不正之风均与人格障碍相关。

俗话说，江山好改，本性难易。人格障碍是长期形成的产物，改变起来相当困难。多数患者不主动求治，因此，一般人格障碍的疗效甚差，病态人格常常持续终身。

人格障碍的分类迄今为止尚无统一的见解。我国精神疾病分类方案将人格障碍分为八类，即偏执型、分裂型、反社会型、冲动型、表演型、强迫型、其他人格障碍和未特定的人格障碍。

青少年的人格由于没有最后定型，上述病态人格表现多不典型，而常常表现出下述几种类型：

一是焦虑型人格障碍，又称回避型人格障碍，患者自幼懦弱胆小，容易惊怒；有持续和广泛的紧张、忧虑感觉；敏感羞涩，对任何事情都表现惴惴不安；有自卑感，不断追求受人欢迎和被人接受，对排斥和批评过分敏感；日常生活中惯于夸大潜在的危险，以回避某些活动；个人交往十分有限，与他人建立关系缺乏勇气。

二是依赖型人格障碍，又称孱弱型人格障碍，患者缺乏独立性；感到自己无助、无能和缺乏精力，怕被人遗弃；将自己的需求依附别人，过分顺从别人意志；要求和容忍他人安排自己的生活；当与他人的亲密关系终结时有被毁灭的体验；有一种将责任推给他人来对付逆境的倾向。

三是不成熟型人格障碍，患者自幼受家人宠爱，情绪幼稚，依赖性极强；以自我为中心，要父母顺从自己，稍不如意就激动暴怒；缺乏道德感和义务感，对别人缺乏同情心，不遵守社会公德，甚至胡作非为，不讲道理；不善于与人相处，不珍惜友谊，自我欣赏，自以为是，听不得批评；适应能力差，习惯别人照顾，遭受挫折后易自暴自弃，轻率自杀，残忍伤害他人。

2. 悖德与冲动人格

悖德型人格障碍又称反社会型人格障碍，是最多见的一类人格障碍。Prichard在1935年首先提出悖德狂的诊断名称，描述这样一类患者：他们出现本能欲望、兴趣嗜好、性情脾气和道德修养方面有异常改变，没有智能、认识或推理能力的障碍，无妄想或幻觉。后来，悖德狂的名称逐渐被反社会型人格所取代。反社会型人格障碍引起违法犯罪的问题最多，患者以行为不符合社会规范为主要特点，情绪具有暴发性，行为冲动，对社会对他人冷酷和仇视，缺乏好感与同情心，缺乏责任心和羞愧悔改之心，目无法纪，不能从挫折和惩罚中吸取教训，与大多数人不同的是焦虑感和罪恶感缺乏。

反社会型人格障碍的诊断标准除了符合人格障碍诊断标准外，还有下述几条：患者在18岁前有品行障碍的证据，至少有下述表现中的三项：

（1）经常逃学；

（2）被学校开除过，或因行为不轨而至少停学一次；

（3）被拘留或公安机关管教过；

（4）至少有两次未经说明而外出过夜；

（5）反复说谎；

（6）习惯性吸烟、喝酒；

（7）反复偷窃；

（8）反复参与破坏公共财物活动；

（9）反复挑起或参与斗殴；

（10）反复违反家规或校规；

（11）过早有性活动；

（12）虐待动物和弱小同伴。

患者18岁后有不负责任的违反社会规范的行为，至少有下述项目中的三项：

（1）不能维持长久的工作或学习，如经常旷工旷课；

（2）有不符合社会规范的行为，如破坏公共财物；

（3）易激惹，并有攻击行为，如反复斗殴或攻击别人；

（4）经常不承担经济义务，如拖欠债务，不抚养小孩或不赡养父母；

（5）行动无计划或有冲动性，如进行无事先计划的旅行，或旅行无目的；

（6）不尊重事实，如经常撒谎，使用化名，欺骗他人以获得个人利益或快乐；

（7）对自己或对他人的安全漠不关心；

（8）缺乏对家庭应尽的责任；

（9）不能维持长久的夫妻关系；

（10）危害别人时无内疚感。

反社会型人格障碍的治疗以心理治疗为主，主要是通过认知治疗和行为矫正技术让患者进行适应环境的训练，提供行为指导和适当职业选择的建议，调整环境和改善人际关系，治疗需要较长时间和耐心，也要防止患者的依赖或纠缠。

冲动型人格又称暴发型人格或攻击型人格，患者的主要特点是对事

物往往作出暴发性反应，稍不如意就火冒三丈；易于暴发激情；行为无计划，不可预测，不考虑后果，行为暴发时不可遏制，心境反复无常；易与他人冲突和争吵；不能维持任何没有即刻奖励的行为；经常变换职业和酗酒。

冲动型人格障碍的诊断要符合人格障碍的诊断标准，症状至少符合下述项目中的三项：

（1）有不可预测和不考虑后果的行为倾向；

（2）行为暴发难以自控；

（3）不能控制不适当的发怒，易与他人争吵或冲突；

（4）情绪反复无常，不可预测，易暴发愤怒和暴力行为；

（5）生活无目的，事先无计划，对事缺乏预见性，做事缺乏坚持性；

（6）不稳定的人际关系，与人关系时好时坏，几乎没有持久的友人；

（7）有自伤行为。

冲动型人格障碍的患者对他人的危害大，应做好防护。进工读学校和进行劳教以及法律制裁都是可行的办法，关键是对冲动的情绪和行为进行控制，除了外部的环境约束外，运用一定的心理治疗来加强内部控制也许效果更好。

3. 偏执与分裂人格

偏执型人格障碍的特点是敏感、多疑、固执己见；对别人无意的、中性的或是友好的行为常常猜疑，误解为敌意的，是在蔑视自己；对极小的侮辱、伤害不能宽恕，耿耿于怀；对挫折和遭人拒绝过于敏感，过分自尊，追求权力，自我评价太高，认为自己一贯正确；忌妒心强，常常猜疑周围人在利用他，对他搞阴谋；对自己的多疑和固执很难被人说服，难改变自己的想法和观点。偏执型人格很容易发展成为偏执性精神病。

偏执型人格障碍的诊断标准除符合人格障碍的诊断标准外，还有下述几点症状，至少符合下述项目中的三项：

(1) 广泛猜疑，常将他人无意的、非恶意的甚至友好的行为误解为敌意或歧视，或无足够根据，怀疑会被人利用或伤害，因此过分警惕与防卫；

(2) 将周围事物解释为不符合实际情况的“阴谋”；

(3) 易产生病态嫉妒；

(4) 过分自负，若有挫折或失败则归咎于人，总认为自己正确；

(5) 好记恨别人，对他人过错不能宽容；

(6) 脱离实际地好争辩与敌对，固执地追求不合理的“权利”或利益；

(7) 忽视与自己想法不相符合的客观证据，难以用说理和事实来改变其想法。

分裂样人格障碍的特点是患者的观念和行为表现奇特，与众不同；对人情感淡漠，缺乏亲密、信任的人际关系，无知心朋友；孤僻，好沉思幻想，总是单独活动；行为古怪，不修边幅，不能随和与顺应世俗；

对别人的赞扬和批评无动于衷，很少表现强烈的情绪体验；缺乏进取心，回避竞争性处境；性生活表现冷淡。据调查，约有半数的精神分裂症病前是分裂样人格。

分裂样人格障碍的诊断要符合人格障碍的诊断标准，症状至少符合下述项目中的三项：

（1）有奇特的信念或与文化背景不相称的行为，如相信透视力、心灵感应、特异功能和第六感官等；

（2）奇怪、反常、特殊的行为或外貌，如服饰奇特，不修边幅，行为不合时宜与习惯或目的不明确。

（3）言语怪异，如离题，用词不妥，繁简失当，表达意见不清，并非文化程度或智能障碍等因素所引起；

（4）不寻常的知觉体验，如一过性的错觉、幻觉，看见不存在的人；

（5）对人冷淡，对亲属也不例外，缺少温暖体贴；

（6）表情淡漠，缺乏深刻或生动的情感体验；

（7）多单独活动，主动与人交往仅限于生活或工作中必需的接触，除一般亲属外无亲密朋友。

4. 表演与强迫人格

表演型人格又称癔症型人格，患者的特征是表情和动作有些做作和夸张，富于显示和表演色彩；暗示性强，思维、情绪和行为都易受别人暗示的影响；情感肤浅、脆弱、被动；以自我为中心，吸引别人的注意，渴望他人的同情和赞扬；喜欢要挟、操纵、挑逗和依赖他人；好幻想，以想象代替事实，理智易受情感蒙蔽，任性，不习惯于逻辑思维。

表演型人格障碍的诊断要符合人格障碍的诊断标准，症状至少符合下述项目中的三项：

（1）表情夸张像演戏一样，装腔作势，情感体验肤浅；

（2）暗示性高，很容易接受他人的影响；

（3）自我中心，请求别人符合他的需要或意志，不如意就给别人难堪；

(4) 经常渴望表扬和同情，感情易波动；

(5) 寻求刺激，过多地参加各种社交活动；

(6) 需要别人经常注意，为了引起注意，不惜哗众取宠、危言耸听；

(7) 情感反应强烈易变，完全按个人的情感判断好坏；

(8) 说话夸大其词，掺杂幻想情节，缺乏具体的真实细节，难以核对。

强迫型人格障碍患者的特征是做事犹豫不决，思虑甚多；做事要求十全十美，反复核对，注意细节而忽视全局；过于严肃、认真、谨慎，缺乏幽默感；循规蹈矩，缺少创新与冒险精神；坚持己见，要求别人按他的规矩办事；焦虑和悔恨的情绪多，愉快满意的情绪少。

强迫型人格障碍的诊断要符合人格障碍的诊断标准，症状至少符合下述项目中的三项：

(1) 做任何事都要求完美无缺、有条不紊，因而有时会影响工作的效率；

(2) 坚持要求别人严格地按照他的方式做事，否则心里很不痛快；

(3) 犹豫不决，常推迟或避免作出决定；

(4) 常有不安全感，穷思竭虑，反复考虑计划是否得当，反复核对检查；

(5) 拘泥细节，甚至生活小节也要程序化，不遵照一定的规矩就感到不安；

(6) 完成一件工作之后常缺乏愉快和满足的体验，相反容易悔恨和内疚；

(7) 对自己要求严格，过分沉溺于职责义务与道德规范，拘谨吝啬，缺少友谊。

5. 性行为是人的身心需要

人类的性行为在生物学上与较高等动物的行为相似，但受到社会规范、风俗习惯、道德标准等多种因素的制约，因此，人类的性行为要从生物、心理和社会多层面来分析。

人类发生性行为的主要动因与性激素水平密切相关，研究表明，如果早期切除性腺，人的性欲就不会产生。人类的性冲动和欲望不仅受激素的影响，也受文化环境刺激的影响，这些环境刺激可通过特殊感官和大脑皮层，唤醒人的性冲动和欲望。多数学者认为性冲动开始于迅速发育的青春早期。弗洛伊德学派认为性冲动自出生就存在，性的发展阶段依次为自恋阶段、生殖器阶段、同性爱阶段和异性爱阶段，早期性的发展受阻，成年以后发生性问题的机会增加。这种性的发展阶段理论虽未被中国文化环境中的群体调查所证实，但一些临床研究表明，性变态患者在生活早期多有不良的性创伤和体验，早期的性问题影响着人的身心发展。

性行为是人类最基本的生理需要。生殖下一代虽然仍是人类性行为的主要目的，但随着社会的发展、人口的过剩和资源的减少，生殖不再是性行为的唯一目的，性行为还能满足人的身心平衡和健康需要。从社会与法律角度看，性行为可分为合法与越轨性行为。越轨性行为在法律上规定得比较严格，但在社会文化习俗和人们的道德观念上，越轨性行为的规定是不严格的，一些不符合道德观念的性行为并不受法律的约束。合法与越轨的规定是社会发展的产物，随社会的变迁而变化。如古希腊社会曾赞许男性同性恋，而现今的东方社会是反对同性恋的。一些调查表明，社会对性行为控制得越严，并不能使越轨性行为减少。

性行为可分为正常与异常性行为。正常与异常是根据个人的身心状态和统计测量来划分的，人们的性观念中也存在着一些公认标准，违反这些潜在标准，会被认为是异常。在实际生活中，确定这些标准相当困难，因为性行为涉及人的隐私，一些调查资料的可信性还有待证实，有些性问题的褒贬还有相当的争议，如手淫行为，就存在许多异议，原来说它是精神病和神经症的主要病因，而现今认为它是一种健康促进行为，它使未婚青年的性冲动得以宣泄，促进了个体对自我身心的发现和了解。手淫本身不引起精神障碍，而对手淫不正确的宣传导致人的罪恶感和恐惧感才是真正的病因。

6. 性禁锢与性放纵

社会对性的态度是影响人们性行为异常的重要原因。不同的文化地区，不同的时代环境，人们对性的看法极不相同，从性的禁锢到性的放纵，形成一个延续的光谱带，取两极的观点危害最大。

性禁锢起源于原始社会的种种禁忌如疾病、流血、死亡和性交、月经、分娩等相关，使原始人对某些性行为产生恐惧和禁忌现象，如禁忌和经期的妇女交谈，或者把她们藏起来。中世纪，基督教的性禁锢观念盛行，认为性是罪恶的起源，用金属器具把生殖器掩盖，或用“贞操带”把女性双腿锁住。20世纪后，性行为的约束态度仍很普遍，许多国家立法禁止婚外性关系，尤其是东方国家，对性行为的约束更加严厉，有的地区规定在公共场所连妇女的脸都要遮盖起来。中国早在孟子时期就有“男女授受不亲”之说，有关妇女要守贞节的礼教多不胜数，性的禁锢对女性更为严格。现代中国尽管对性的观念有了很大改变，然而由于传统观念的影响，多数人仍然把性看成是肮脏、罪恶、可耻的事情。对性的忌讳可反映在言语描绘中，如将生殖器称为“下身”，将月经称为“例假”，否则，会被认为是粗俗和下流。孩子若向父母提出性问题，常遭受指责、回避或戴上一顶“早熟”的帽子。青年人若参加健美比赛或当模特儿，会受到父母、情人、同伴和社会巨大的压力，就连学校教师在上生理卫生课时也不敢理直气壮地向学生介绍性的有关知识，而是以自学为由了事。《性心理学》被当做黄色书刊，手淫被看做是道德败坏，受害女青年常遭受更大的身心压力，连父母对她都另眼相看，使之终身难找如意郎君。

性禁锢的危害显而易见，它摧残人性，否定人的基本需要，影响了人的正常交往，泯灭了人的创造力。性禁锢造成人的性无知，大大增加人们对性的困惑和罪恶感，强化了异常的性态度和行为。对性本能的过分压抑，还会损害人的身心健康和个性发展，导致性功能障碍和性心理疾病增加。

反对性禁锢，不是提倡性放纵。性放纵是有害的另一端。性放纵者

在观念上主张完全的性自由，在行为上表现随意的性活动。性放纵是从私有制开始的，在漫长的封建男权社会中，地位高的帝王将相可以拥有千百计的女性，为其淫欲服务，男女地位的不平等也迫使一些妇女利用色相谋生，卖淫成了必然产物。中世纪里的个别牧师一边宣扬禁欲，一边借用“神的旨意”诱奸信徒。20 世纪 30 年代和 60 年代西方社会曾两度掀起“性解放”高潮，一方面反抗性的禁锢，另一方面被人利用作为要求绝对的性自由和随意的性放纵的理论依据，出现群婚、试婚、不婚同居、夫妻互换等淫乱行为，色情文学泛滥成灾，影视片中有了露骨的表演，性服务行业应运而生。通过提供性关系以获得钱财的行为称为卖淫，以钱财换取性活动机会的行为称为宿娼，它们都是性放纵的重要表现形式。卖淫在西方社会被称为“无烟工业”，多数国家禁止这种行为，但有少数地区把它作为一种合法职业，我国台湾地区就有不少雏妓，大陆前几年由于放松了精神文明建设，这类丑恶现象又死灰复燃，在待业者、打工妹甚至大学生中有不少青少年被拐骗从事卖淫活动，宿娼者以个体户、司机、采购员、无业人员较为多见。与西方的性放纵行为表现形式不同，我国人口中夫妻互换、群交、乱伦等行为发生较少，而婚前或婚外性关系较为多见。有人认为，婚前或婚外性行为不意味着性放纵，因为社会上对这类行为持有相当宽松的态度。但在我国实际生活中，它们常常是导致家庭生活崩溃、夫妻离异的直接原因。

性放纵行为虽不是医学意义的“疾病”，但淫乱多被认为是自我毁灭性的行为。从现代医学观点看，性放纵与吸毒一样，是一种适应不良的病态行为，是对自身生理需要和社会文化环境适应失败的表现，它对人的身心健康有明显的害处。另一方面，某些精神病人、脑病患者、青少年品行障碍者多会发生这类行为。从社会学来看，淫乱是一种变态行为或越轨行为，它由国家法律或社会舆论来裁决。我国将严重的淫乱行为列入“流氓罪”加以惩罚，社会舆论对此也持严厉的谴责态度。性行为不仅仅只是性伴侣之间的私事，它关系到家庭、社会和几代人的发展，与婚姻、子女教育、社会稳定直接联系。数年来，受西方性解放、性自由的思潮影响，我国离婚率和家庭解体率直线上升，单亲子女大量增加，少女怀孕现象越来越多，这不仅增加了家庭与社会的经济负担，也破坏了社会的稳定。此外，性放纵导致性病增多，艾滋病就是性放纵的结果。

由此可见，性禁锢和性放纵都对健康不利。应当建立怎样的性态度和行为才有利于健康呢？一般认为，首先要肯定性欲和性行为的功能和意义，抛弃性是肮脏、低级和下流的道德观念，对性欲不过分压抑和放纵；要为性欲满足的社会后果负责，对性行为采取谨慎克制的态度；要学习有关性科学的知识，了解自己的身心需要，保持良好的异性交往与和谐的家庭生活，及时治疗性功能障碍和心理困惑，防止性病的传播；要树立远大理想，转移对性的过分关注，把精力用到为社会造福的事业中去。

7. 性变态行为

性变态是指性冲动障碍和性对象的歪曲，即寻求性欲满足的对象和性行为方式与常人不同，违反社会习俗而获得性欲满足。一般认为性变态有下述三个特点：一是行为不符合社会认可的正常标准，这种标准是一定社会文化的产物，如同性恋在我国被认为是性变态，而在美国则否，在古希腊时期还受到过赞美；二是该行为对他人造成伤害，如恋童癖会殃及幼童，窥阴癖能揭人隐私；三是该行为违反道德准则，会导致患者的心理冲突和痛苦，如易性癖患者具有很深的苦恼。

性变态诊断标准是：

（1）对常人不引起性兴奋的某些物体、对象或情境有强烈的性兴奋作用，因此努力去追求，或采用异常性行为方式满足性欲，或有强烈改变自身性别的欲望。

（2）除性心理方面异常外，其他与之无关的精神活动均无明显障碍。

（3）并非其他精神障碍所引起。

性变态与正常性行为之间呈一连续系统，有人两者并存。绝对性变态者厌恶正常性行为，其变态性冲动呈强迫性，难以克制。性变态者并非是性欲亢进的淫乱者，多数患者性欲低下，甚至不能参与正常性生活。性变态者也不是道德败坏的流氓，多数患者社会生活适应良好，工作尽责，个性内向，文雅，害羞，具备正常人的道德伦理观念，触犯社会规范后多有悔疚之心。性变态与人格障碍有联系又有区别，性变态行为可作为人格障碍的一部分表现，如残暴好斗的人在性行为方面可能是施虐狂，但性变态者多没有突出的人格障碍，没有反社会行为，有些患者智力超群，对艺术、音乐、戏剧、电影有浓厚兴趣，并能取得出色成就。性变态常会引起法律问题，一般认为，患者并非精神病性障碍，不能完全免除其责任能力，因为他们有辨认能力和控制能力，所以在他们损害他人身心健康、干扰社会秩序、有伤风化时，要追究其法律责任和进行行政纪律处分。

性变态的原因有多种解释，较为流行的说法是认为性变态是一定环境的产物，如儿童早期的角色认同不良、性心理发展受挫、父母错误的教养方式和强化、黄色影视书刊的影响等等。生物因素也是一个重要方面，患者多有家庭同病史，有人认为，胚胎期内分泌的微量变化明显影响成熟后的性行为。

性变态者多不主动求医，很少有强烈和持久的治疗愿望，治疗效果欠佳。对主动求治的患者心理行为治疗可能有些帮助。因此，性变态的矫治应强调早期预防和科学的性教育。

我国精神疾病分类方案将性变态分为三类，一是性指向障碍，如同性恋、恋物癖；二是性偏好障碍，如异装癖、露阴癖、窥阴癖、摩擦癖、施虐狂和受虐狂等；三是性身份障碍，如易性癖。

性指向障碍是指性活动的对象不是成熟的异性，而是同性、幼童、动物或物品等。国内病案报道较多的是同性恋和恋物癖两种。

以同性为满足性欲的对象称为同性恋，多见于未婚青少年，尤其是男性。西方国家多于东方国家，美国学者 Kinsey 曾提出同性恋的人口比例：单一异性恋和主导异性恋、偶尔同性恋者各为 35%，主导异性恋、数次同性恋者为 20%，异性恋和同性恋相等者为 2%，主导同性恋、数次异性恋和偶尔异性恋者各为 2%，单一同性恋者为 4%。我国有同性恋行为的人远比人们想象的要多。有人调查，男性中有 1%～2%的人是同性恋。有报道，某市同性恋活动场所几十个，多为公共厕所、浴室、饭店、酒巴、电影院、歌厅等处，每天到此处活动的同性恋者有数百人；某研究所一年近千人次的咨询电话中有15%是自称男同性恋者的求询；男妓，这种丑陋的现象又出现在街头巷尾。

有人认为，同性恋双方男性被动型和女性主动型者才是真正的性变态，他们在心理和体质上有较多的异性特征，故称为素质性同性恋者，对这类患者矫治比较困难。而男性主动型和女性被动型者身心方面较为健康，他们参与同性恋活动只是出于暂时的感情联系或性欲较强所致。同性恋并非精神病，有些人智力超群，对音乐和艺术饶有兴趣，可在政治与法律方面取得一定成就。当面临社会压力和同性恋关系不能维持时，可能产生严重的焦虑或抑郁反应，甚至消极自杀。多数同性恋有肉体接触，少数人可无肉体接触，纯粹为精神恋爱。女性患者选择的对象比较固定，男性患者选择的对象易变。同性恋者在社会生活中表现的身份仍和各自性别相称，偶有男同性恋者从事女性爱好的职业和业余嗜好。部分同性恋者兼有异性关系并结婚生育，但与异性相处不和，缺少家庭乐趣。

不同社会文化对同性恋的看法差别甚大，从相安无事到深恶痛绝。在人类社会中同性恋的存在相当广泛，古埃及人曾把喜好男色看得很正常，古希腊人特别推崇同性恋，认为它与武德有关，是和理智、审美及道德等方面的某些美好品质相联系。在中国史书中早有同性恋的有关典故，文学作品中描写同性恋的也不少，如《红楼梦》《梁山伯与祝英台》《霸王别姬》等。由此有些学者认为，同性恋可能发生在东方，后传到西方，近几年又在东方回归。中国数千年的主流文化传统中对同性恋持有贬义，虽在近几年对同性恋出现稍许宽容的现象，但它仍被看成是一种性变态行为，而且社会舆论多对此进行谴责，使同性恋者在升学、就业、住房、参加社会活动方面受到社会歧视和排斥，精神受压，甚至受到行政制裁。同性恋者是性病、艾滋病的易感人群，需要医学帮助。若患者为自己同性恋的行为苦恼，希望成为异性恋者，此时的医学帮助才会有效，否则，收效甚微。

什么原因导致同性恋？生物学、心理学和社会学的解释有很大不同，一般认为同性恋是后天被传授的性行为，幼儿期身份和性别角色的混乱、青春期异性行为受压抑、家庭的严格限制、自幼被父母异性妆扮、与同性为伍、同性恋者的引诱等等均可使同性恋行为增加。不少同性恋者有“先天论”的解释倾向，他们常常责怪父母“把自己生得不男不女”，这类患者的治疗相当困难。

同性恋诊断标准是：符合性变态的诊断标准从少年时期开始，在可与异性经常接触的环境中，持续表现对同性成员的性爱倾向；对异性成员可持续缺乏性爱倾向，因此难以建立和维持与异性成员的家庭关系。

恋物癖也是一种性指向障碍，即以接触异性穿戴的物品引起性兴奋。多数患者为成年男性，他们通过抚摸、嗅、咬某些异性物品获得性的满足，这些物品常见的有乳罩、短裤、卫生带、内衣、头巾、丝袜、发卡等。多数患者性功能低下，对性生活胆怯，为了获得异性物品，不惜采用偷窃手段，以致触犯刑律，遭逮捕或惩罚，但过后又重犯。对此患者可采用心理行为疗法，帮助他们树立信心，多数患者可以纠正。恋物癖诊断标准是：符合性变态的诊断标准；至少在半年的时间内，反复出现使用某种非生命性物件，以满足强烈的性欲和性兴奋联想，所恋物件是性刺激的重要来源或获得性满足的基本条件；曾经付诸行动。

性偏好障碍是指性活动的方式与常人不同，以古怪条件来引起性欲满足，如异装癖、露阴癖、窥阴癖、摩擦癖、性施虐癖和受虐癖等。

异装癖是指异性恋者反复出现穿戴异性服饰的强烈欲望，并付诸实施，通过穿戴异性服饰引起性的兴奋。异装癖多见于男性，若制止患者穿异性服饰会引起他强烈的不安情绪。此现象始于童年或青春期，开始偶尔穿一二件异性服装，以后逐渐增加异性服饰的件数，直至全部使用异性服饰。最心爱的异性服装最能引起患者性的兴奋。异装癖诊断标准是：符合性变态的诊断标准；成年人穿着异性服装，不是由于特色文化背景与社会流行风尚所致，纯属个体特殊行为，主要是为了获得性的兴奋；反复出现此种行为半年以上，行为受强烈欲望所驱使，行为的抑制可引起明显不安情绪；除异性装扮外，不要求改变自身性别解剖生理特征，否则诊断为易性癖。

露阴癖是指反复出现在陌生异性面前露出自身的生殖器，以满足性的欲望。患者个性内向、被动，缺乏自信。露阴之前有逐渐增加的焦虑感和紧张体验，露阴行为周期性和间歇性发生，累犯率高。露阴时间多选择在黄昏，地点是街头巷尾、影院或公园附近，人不太多，这样有机可乘，有路可逃。患者的行为若能使对方惊惶失措或耻笑辱骂，更感到性的满足。若当场被执法人员抓获，会诡称裤扣拉练出了毛病。患者在露阴时可伴有手淫，虽对他人无进一步的性活动要求，但造成对方的精神威胁，扰乱社会秩序，应追究刑事责任。露阴癖诊断标准是：符合性变态的诊断标准；在半年以上的时间内，反复出现向陌生异性露出生殖器的强烈欲望和性兴奋的联想；曾经付诸行动。

窥阴癖是以偷看别人的性活动或异性裸体为唯一方式而取得性兴奋或快感的一种性变态。多见于男性，患者对窥视有强烈追求，周期性出现，勉强抑制此欲望会引起明显的焦虑不安情绪，窥视之后即获得性的快感。患者性格内向、害羞，缺乏接近异性的交际手段。受窥视的强烈欲望所驱使，患者会冒险潜入女厕所、粪池、浴池、女卧室，窥视时伴有手淫，有的事后通过回忆而手淫，达到性的满足。窥阴行为虽对对方无直接的人身侵犯，但足以揭人隐私，属于不道德和轻微违法行为，通常受到社会舆论谴责和行政纪律处分，情节较重者给予短期拘役。窥阴癖诊断标准是：符合性变态的诊断标准；在半年以上时间内，反复出现暗中窥视陌生异性裸体或与性有关活动的企图，它受强烈性欲望和性兴奋的联想所驱使；曾经付诸行动。摩擦癖是指在拥挤场合或乘对方不备之际，伺机以身体某一部位摩擦或接触异性身体的某一部分，以达到性兴奋的目的，仅见于男性。

性施虐癖是指通过在异性或配偶身上造成痛楚或屈辱而获得性欲满足的性变态，多见于男性，施虐程度不一，从轻微疼痛至严重伤害。具

体方式有鞭打、捆绑、脚踢、手拧、针刺和刀割等，有时与性的暴力犯罪难以区别，只有施虐为情欲所必需的，才称为施虐癖。施虐癖可导致强奸犯罪，但并不是每个强奸犯都是施虐癖。性受虐癖是指乐意接受异性施加的痛楚或屈辱而获得性欲满足的性变态。多见于女性，受虐程度从轻度凌辱到严厉的鞭打不一，有时受虐癖和施虐癖联系在一起，患者交替充当两种角色。性施虐与性受虐癖诊断标准是：符合性变态的诊断标准；以虐待行为作为满足性欲的主要途径，可表现为捆绑、疼痛和侮辱等，甚至可引起伤残和死亡，提供这种行为者为性施虐癖，以接受虐待行为来达到性兴奋者为性受虐癖；此种性行为障碍至少存在 6 个月。

最常见的性身份障碍是易性癖。易性癖又称性别变换癖，患者从心理上认定自己的性别与解剖生理特征相反，强烈希望借助医学手段改变自己的性器官外形和体态，向异性转化，性爱对象为纯粹的同性恋，易性手术后才能称为异性恋。此癖男多于女，男性患者着女士服装和发型，说话声调和走路姿势模仿女性，使用化学制剂脱须，垫起胸部乳房，参加女性社会活动，喜爱烹调缝纫，性欲较低，仅有少数人结婚，婚后有半数离异；他们纠缠医师，固执要求用手术改变乳腺和外生殖器形状，部分患者自行切除外生殖器，抑郁自杀者不少。女性患者从外部打扮到内部感情、习惯爱好上均模仿男性，要求医师作乳房和子宫切除，少数患者进一步要求手术再造男性生殖器。易性癖诊断标准是：符合性变态的诊断标准；对自身性别的解剖生理特征表示厌恶，要求变换为异性的解剖生理特征；此种欲望至少已存在两年以上。对易性癖患者可采取异性激素治疗和外部性器官改形手术，但长期用药会有副反应，改形手术多无实际效果。在我国施行这类治疗要考虑社会、伦理等方面的影响，心理治疗略有益处，患者中年之后症状会稍有缓解。

8. 青少年性教育

对性变态防治的一个重要方面是进行系统化的性教育。性教育是指对儿童青少年科学地传授有关性的知识，改善对性问题的态度，培养健康的性行为。20 世纪 60 年代以来，普及性教育已成为世界性趋势。性教育已不局限于讲解男女生殖系统的解剖生理功能、性卫生、计划生育以及性病的防治等生物学知识，还包括性心理、性行为、性道德、性与法律、性与家庭、性与社会等多方面知识。传授这些知识，能增加儿童青少年对自己性别和性角色的内省，有利于自尊心的培养和人格的健全发展，使行为有所操守，言谈举止和衣着容貌合乎分寸，与人交往中能互相尊重，反对性解放观念，增加社会责任感，警惕和消除不良的性行为。

对儿童青少年如何进行性教育，还有许多理论和实践方面的问题需要进一步研究，总的看法是，要从家庭、学校和社区入手，对儿童青少年进行系列化的性教育。性教育的关键期应在儿童时期，但青少年反映出的性行为问题较多，应引起重视。青少年对生殖器官的解剖生理有一定了解，但知识不系统，尤其是性心理和社会知识缺乏，这与学校目前开设的课程结构有关。为了了解这些知识，他们会通过各种不正当的渠道去获得，因此，学校必须为他们提供正面的系统化性教育。由于传统观念的影响，许多人害怕开展这项工作。所以首要问题是，教育者自身要先受教育。性教育是人格教育和学校教育的重要组成部分，不仅是专

业人员的事，也是所有教师和家长应共同承担的职责。在实施性教育时，要注意鉴别几个问题：一是把青少年对性知识的追求与看黄色下流书刊区别开来，对性知识的追求是青少年正常的心理需求，不能冠之以“思想意识败坏”进行批评处分；二是把男女青少年的正常交往和早恋问题区别开来，要理解、倡导和组织男女青少年的广泛社交活动，破除异性之间的神秘感；三是把性行为问题和流氓行为区别开来，对学生出现的性问题要慎重处理，不能随意处罚。青少年的性教育是一个系统工程，它关系到青少年的身心能否健康发展。广大的家长、教师和全社会都应参与青少年的性教育工作，才能从根本上预防青少年的不良性行为的发生与发展。

七、青少年情绪异常

1. 情绪异常的特征

情绪异常是一大类以焦虑情绪为主的心理障碍，临床常常称为神经症，是一组大脑功能失调的疾病总称。情绪异常也是心理咨询门诊最为常见、心理治疗效果较好的一类心理疾病。

神经症的临床表述可追溯到两千年以前，直到1769年，苏格兰精神病学家William Cullen才正式提出神经症的命名。20世纪初，神经症的概念已在西方广为流行，并传入中国。近几十年，西方发达国家的精神障碍分类系统中又取消了神经症的称谓，而是按照各种亚类疾病来命名。《中国精神疾病分类与诊断标准》中仍在使用神经症的命名，并提出了下列诊断标准：

（1）症状标准，以后述神经症综合征之一为主要临床相：癔症性分离症状或转换症状，轻度抑郁症状，恐怖症状，强迫症状，惊恐发作，广泛性焦虑症状，疑病症状，神经衰弱症状，其他神经症症状或上述症状的混合。

（2）严重程度标准，因上述症状造成至少下述情况之一：妨碍工作、学习、生活或社交；无法摆脱精神痛苦，以致主动求医。

（3）病程标准，持续病程至少3个月（除癔症或惊恐障碍外）。

（4）排除标准，排除器质性精神障碍、精神分裂等疾病。

我国神经症的分类是根据患者的主要临床表现来进行的，分为恐怖性神经症、焦虑性神经症、强迫性神经症、抑郁性神经症、疑病性神经症、癔症、神经衰弱等。神经症的共同特征除了上述诊断标准所列项目以外，起病常与心理因素或社会因素有关，患者具有一定的人格特征，没有任何可以证实的器质性病变，自知力完好，主动求治，人格完整，适应现实社会能力良好。

神经症的评估除了临床诊断以外，可以应用量表评定方法进行筛查，如世界卫生组织提供的《神经症筛选表》，该表共10个问题，属于他评量表，用于社区筛查神经症病人，我国学者将此修改为12个问题，国内使用取得较好的信度和效度，参见表7-1。

表7-1 神经症筛选表

指导语："我想知道近一个月你的心情怎么样？首先我想问问你健康方面的一些问题，特别是近一个月左右，你注意到自己有哪些方面变化？"

	无	轻	重
1. 近来有什么事情使你烦恼吗？当你想做什么事的时候，能不能把这些烦恼丢开不想它？	0	1	2
2. 你头痛吗？有没有全身不舒服的感觉或短暂的不适？以及身体不固定的地方出现轻微的疼痛？	0	1	2
3. 近来你是不是特别容易烦躁、易怒？	0	1	2
4. 最近你是不是对什么事情特别神经过敏、紧张、焦虑或害怕？你是不是躲避使你紧张害怕的事？	0	1	2
5. 你近来考虑问题是不是和平常一样头脑清醒、精神集中？	0	1	2
6. 近来你有没有觉得情绪非常低落、心情沉重？是不是对工作或其他事情觉得没意思，不感兴趣？	0	1	2
7. 你的饮食和睡眠好吗？	0	1	2
8. 近来你与别人交往时是不是缺乏自信心？和别人接触时你是不是觉得特别不自在？	0	1	2
9. 你明知自己已经做完了的事，是不是还得反复检查？这种反复检查是由于你忘了吗？	0	1	2
10. 你是不是很容易疲乏无力？你有没有精力不足或精疲力竭的感觉？	0	1	2

11. 你是不是常有晕倒或情感暴发？	0　1　2
12. 近来你还有什么别的不舒服？	0　1　2

总分：　　　　　　　　　　　　　　　　　　评定者：

上表中，第 1、3、4 问题筛选焦虑症，第 2、5、7、10 问题筛选神经衰弱，第 6 题筛选抑郁症，第 8、9 题筛选强迫症，第 11 题筛选癔症，第 12 题作为补充。各类神经症筛选阳性的最低预报分为 2 分。评定者若不是精神科医生，可按照筛选表上的问题询问被评对象，不加解释。

2. 神经衰弱不是病

神经衰弱虽然是门诊多见的一种临床病名，但就病理实质看，并无器质性病变证据，而是一种功能异常，因此称之不是病。神经衰弱是由于长期情绪紧张和精神压力，使大脑精神活动能力减弱，表现出易兴奋、易疲劳、睡眠障碍、头痛等，伴有各种躯体不适症状，病情迁延，时重时轻，病情波动与社会心理因素有关。神经衰弱是神经症中最多见的一类，也是精神疾病中名声最好听、最易被患者所接受的一种疾病。全国流行学调查发现，患病率为 13.03‰，多见于机关干部和教师等脑力工作者和毕业班学生，常常导致他们工作和学习困难。

神经衰弱的症状表现有：脑力易兴奋，回忆联想增多，学习工作不专心，对光和噪声敏感，易激惹；脑力易疲乏，工作和学习时间稍长，就感到头胀、头昏和头痛，注意力不集中，掌握不住书里的中心内容，记忆差，学习活动效率下降，有力不从心感；头胀痛或紧张性头痛，无固定部位，有恶心，无呕吐，学习时头痛加剧，如果情绪松弛或经过充分休息，头痛明显减轻；睡眠障碍，出现入睡困难，难以睡熟，早醒，醒后不易再睡，梦多，因恶梦而苦恼；植物神经功能紊乱，心动过速，血压波动，多汗，厌食，便秘，腹泻，尿频等；继发性反应，过分关注自己的症状，产生疑病，焦虑不安，使症状恶化，形成恶性循环。

社会心理因素是神经衰弱的主要病因。如工作学习负担过重，持续的精神过度紧张，考试压力大，学习目标超过实际能力，人际关系紧张，竞争激烈，亲属死亡和生活受挫等。社会心理因素会否致病，取决于刺激的性质、强度和作用的时间，还与个人性格有关。患者的性格特点是：胆怯，自卑，敏感，多疑，依赖性强，缺乏自信，任性，急躁，自制力差。

我国提出的神经衰弱诊断标准是：

(1) 符合神经症的诊断标准，即有症状，妨碍学习生活或社交，无法摆脱痛苦，主动求医，病程至少3个月。

(2) 以脑功能衰弱症状为主，有后述症状的三项：衰弱症状，脑力易疲劳，没有精神，感到脑子迟钝，注意力不集中，记忆差，脑力工作效率下降，体力也易疲劳；情绪症状，烦恼，心情紧张，易激惹，有轻度焦虑和抑郁；兴奋症状，感到精神易兴奋，回忆和联想增多，伴有不快感；肌肉紧张性疼痛，头痛，肢体肌肉酸疼；睡眠障碍，入睡困难，多梦，醒后感到不解乏，睡眠感丧失，夜间不眠，白天打瞌睡。

存在紧张的社会心理因素和具有易感素质或一定性格特征将有助于诊断。

神经衰弱以心理防治为主，辅以理疗、药物治疗等。要建立良好的医患关系，引导患者认识疾病的性质，找出病因，排除焦虑情绪，增强自我克服疾病的信心。还要合理安排生活作息制度，坚持锻炼，参加文体活动，建立合适的学习工作目标，克服和纠正不良性格。缓解升学就业压力，减轻学习负担，调整教学计划，改善教学方法，提供合理的膳食营养，均是预防神经衰弱的重要措施。

对神经衰弱患者可使用安定等药物取得一些心理效应，施行生物反馈、认知疗法也有疗效。我国学者曾用悟践心理疗法和森田疗法治疗神经衰弱患者，获得较好疗效。悟践心理疗法的前身是快速综合疗法，由我国学者李心天等人在50年代运用治疗神经衰弱患者，治疗的核心是使患者对疾病能正确认识，即认识神经衰弱的根本原因是自己对生活事件不能正确认知和评价，导致精神过度紧张而发病，大脑无器质性损害；通过治疗，让患者主动参与改变自身状态的治疗活动，建立积极的心理状态，以消除衰弱症状。该法总疗程4周，每日治疗半天，分三阶段：

一是认识疾病，消除焦虑；二是消除病因，恢复健康；三是通过调整生活制度和锻炼巩固健康。该疗法治疗大学生神经衰弱疗效达100%。森田疗法由日本森田正马教授于1920年始创，主要用于神经衰弱、强迫症和恐怖症等神经症的治疗。森田认为神经衰弱是患者假想、主观臆断的，患者具有疑病素质，由于精神（如感觉—注意之间）的交互作用，使某种感觉越来越过敏，形成精神内部冲突。治疗的原则是“任其自然，为所当为”。对症状和情绪变化完全服从，放弃抗拒，就会消除精神内部冲突，切断精神交互作用，以消除衰弱症状。如睡眠者，越企图赶快入睡，就越难入睡，如果任其自然，不强求入睡，由于睡眠的本能会自然入睡。为所当为是要求患者该做什么事就继续做，不受症状所困扰。该法总疗程一个月，分四个阶段：一是绝对卧床期，隔离患者，使其对症状听之任之，逐渐安静，产生生活欲望；二是轻工作期，让患者白天到户外做轻微活动；三是重工作期，让患者读书，劳动，体验工作的愉快；四是生活训练期。森田治疗有住院和门诊多种形式，住院治疗有利于患者从原环境的惰性状态中脱离出来，通过病友之间的相互交往，写日记和体会，加上医生指导，可使症状很快消失。我国许多学者运用森田疗法治疗神经症患者，并使治疗方法不断完善和深化，取得可喜的疗效。

3. 癔症的群体暴发与暗示

癔症在古希腊语中意为“子宫”，西波克拉底创立了“子宫游走学说”，认为癔症是因为子宫迷恋异性而四处游走。中世纪时认为癔症是鬼神附体，19世纪后认为易被催眠的人多患癔症。癔症是精神疾病最古老的病名之一，由心理因素或暗示、自我暗示引起的一组疾病，表现为急起、短暂的精神障碍、躯体障碍，包括感觉、运动和植物神经功能的紊乱，而没有相应的器质性基础，可用暗示疗法使症状消失。癔症女多于男，青少年有群体暴发的报道。癔症的临床表现有两类：

一类是躯体症状，又称转换症状，如突然双目失明或弱视，出现视觉障碍；突然失去听力，出现暂时性耳聋；偏侧感觉麻木或过敏，但不符合神经分布区域特点；出现抽搐发作，突然倒地，全身僵直，四肢抖动，呼吸急促，扯头发衣服，表情痛苦；瘫痪，不能站立或行走；失音或缄默，口吃、耳语和声嘶，用手势或书写表达自己思想。

二类是精神症状，又称分离症状，如情感暴发，突然尽情发泄，哭笑，吵闹，扯头，撕衣，撞墙，打滚；出现意识障碍，缓慢晕倒，情感丰富，行为夸张，有表演色彩，有问必答，答案近似正确；遗忘，不能回忆某段经历；神游症、双重人格和附体体验也会出现。

我国多次有学生群体癔症暴发的报道，多半是由于迷信和文化教育落后的原因，对疾病恐惧，接受暗示和自我暗示而发病。如某校 152 名学生进行乙脑疫苗预防接种，接种前老师对学生说："疫苗接种后可能有头痛头晕等反应，接种后 30 分钟内不要离开教室。"这种关怀成为一种不良暗示，结果诱发 108 名学生群体癔症发作，纷纷出现头晕、头痛、恶心、胸闷、哭闹、肢体麻木等症状。

癔症的病因与心理因素相关，使患者感到委屈、气愤、惊恐、羞愧、

窘迫、悲伤的精神刺激常常是直接病因，也可通过触景生情、联想或自我暗示而发病。学校群体癔症发作常常是因为考试太紧张，教师的不良暗示，以及迷信、疲劳和体弱等因素所致。患者的性格表现出一定的特征：情感丰富，暗示性强，以自我为中心，富于幻想，喜欢表现自己。神经系统的器质性病变和遗传因素均为可能病因。

由于癔症可以模拟任何疾病的症状，因此诊断要十分慎重。我国提出的癔症诊断标准是：

（1）有心理社会因素作为诱因。

（2）表现有后述情况之一：分离性遗忘症，以阶段性或事件性遗忘为主，不具有器质性遗忘的特点；分离性漫游症，白天离家出走，无目的，开始结束突然，无明显精神异常，有身份觉察障碍，事后遗忘；分离性身份障碍，急起的身份觉察障碍，对周围环境缺乏充分觉察，无幻觉妄想；癔症性精神病，反复出现幻想性生活情节和片段幻觉妄想、神游症等，病程持续数周，或有躯体障碍，自知力不充分；转换性运动和感觉障碍，肢体瘫痪，失音、失明、耳聋等；其他癔症形式。

（3）症状妨碍社会功能。

癔症可通过暗示方法来协助诊断，如能通过暗示诱导使症状复制，又通过暗示使症状消除，则有助于诊断癔症。

癔症在预防上要排除一切不良的心理因素和暗示，从小培养良好性格。治疗上首选心理疗法，关心患者，取得信任，要让患者认识本症的非器质性和可以治愈的性质，消除疑虑，配合治疗。要寻找病因，加强心理训练，安排好生活制度，促进身心健康。暗示治疗是消除症状的有效方法，可通过言语暗示或示范来矫治群体癔症；另外，运用针灸、电针、注射安慰剂、理疗、催眠、药物等方法均可收到良好的暗示效果。

4. 考试焦虑与自测

焦虑症又称焦虑性神经症，以焦虑和紧张情绪障碍为主，伴有植物神经系统症状和运动性不安为特征。焦虑症患病女性多于男性，青少年以考试焦虑多见。

焦虑症患者的焦虑与正常人的焦虑不同，它往往指向未来实际并不存在的某种威胁或危险，焦虑紧张之程度常常与现实事件很不相称。青少年的焦虑表现主要有三种：主观的焦虑体验，外显的不安行为和生理反应。患者对外界事物反应过度敏感，多疑，缺乏自信心，因细微小事而过度焦虑，烦躁不安，担心害怕；在陌生的环境中，对待不熟悉的事物更易出现焦虑反应，惶恐不安，对学习十分严肃认真，总担心学习成绩不好，考试焦虑较为常见。焦虑患者多伴有睡眠障碍，作恶梦、讲梦话，出现恶心呕吐、食欲不振、腹痛、心跳、多汗、尿频、便秘、头昏和乏力的身心症状。焦虑会对人的行为、智力和人格造成一些影响，变得退缩，过度顺从，暴怒，恐惧，拒绝上学，学习成绩差，智商低，人格上过分敏感，自我评价过低，自卑，依赖他人，对自己发生攻击性冲动行为，做事犹豫不决，谨小慎微，抑郁消极，恐惧害怕，不受同伴欢迎。

焦虑可分为三类：一是分离性焦虑，当与亲人分离时，会出现明显焦虑情绪，对分离深感不安，害怕想象中的危险和意外事故会突然降落到自己与亲人身上，对家庭过分怀念，不愿离家，害怕独自一人留在家中，怕一个人睡，不愿上学，诉说头痛、胃痛、恶心呕吐，但检查又无异常体征。二是境遇性焦虑，由于境遇变化而出现轻度焦虑，如生活中遭受严重刺激、父母死亡、意外灾害与事故、家庭学校教育不当、考试紧张等。对这类焦虑只要适当调整环境，会自然消失，不需特殊治疗。三是素质性焦虑，由于神经脆弱等素质因素，加上父母焦虑的长期不良影响，患者的焦虑迁延不愈，亲子间的焦虑相互影响，恶性循环，使患者症状加重，少数可延至成人期。

焦虑的病因有很多，先天素质、不良环境、不恰当的教育方法、存在心理应激源等均引起发病。多数学者认为，下述因素较为重要：模仿成人，教师或家长的劝告、禁令和威胁太多，父母不和与家庭矛盾的处境，对孩子的苛求超过他的实际能力，对孩子过度放纵，要求不明确，经常体罚或嘲笑孩子，课程设置死板或成人化倾向，学习竞争激烈，目标太高，遭受过重大挫折，父母也是焦虑患者。对于考试焦虑的原因，多数认为是学校方面的原因，如升学的压力，频繁的考试，教师给学生成绩排名次，题海式与填鸭式教学方法等等。青少年身心素质和认知系统不良也有影响。

焦虑症的临床表现主要有两种：一是表现出急性的焦虑症，又称惊恐障碍，发作时有明显的植物神经症状，心悸、呼吸困难、胸闷、胸痛、四肢发麻、出汗、发抖、患者惊恐万分，似乎死亡迫近，大声呼救，发作时间 1～20 分钟，有时达数小时，可反复发作多次。二是表现出慢性焦虑症状，又称广泛性焦虑，是焦虑症的主要类型，患者表现出心理障碍症状，对客观上并不存在的某种威胁、危险和坏结局总感到担心、不安和害怕，虽认识到这是杞人忧天，但不能控制，颇为苦恼，容易激惹，对声音过敏，注意力不集中，记忆力不好。患者还有躯体症状，植物神经功能亢进，口干、恶心、胀气、腹泻、呼吸加快、心动过速、尿频、月经不调、阳萎、面色潮红等。慢性焦虑症还有运动症状，如紧张性头痛、肌肉紧张或强直、手震颤、睡眠障碍、有恶梦。多数焦虑症有较好的预后。

我国提出的焦虑症诊断标准按临床表现分两部分，惊恐障碍的诊断标准是：

（1）符合神经症的诊断标准。

（2）一个月内至少有 3 次惊恐发作，或首次典型发作后继之以害怕再发作的焦虑而持续一个月。

（3）惊恐发作符合后述 4 项：在没有任何客观危险的环境下发作，或者发作无明显而固定的诱因，以致发作不可预测；两次发作的间歇期除了害怕发作外，没有明显症状；发作表现为强烈的恐惧，伴有显著的植物神经症状，还往往有人格解体、现实解体、濒死恐怖、失控感等痛哭本验；发作来得突然，10 分钟内达到高峰，一般不超过 1 小时，发作时意识清晰，事后能回忆发作的经过。

广泛性焦虑的诊断标准除了与上述第 1 条标准相同外，主要是以持续的焦虑为原发症状，经常或持续的无明确对象和固定内容的恐惧或提心吊胆，伴植物神经症状或运动性不安。

在心理咨询门诊和群体调查中，可以使用评定量表来对焦虑症者进行筛查。这类评定量表很多，这里介绍常用的焦虑自评量表（SAS）。SAS由Zung氏于1971年编制，含20条目，4级计分，可以自评，也可他评，一次评定约10分钟，使用简便。参见表7-2：

表7-2 焦虑自评量表（SAS）

填表注意事项：下面有20条文字，请仔细阅读每一条，把意思弄明白，然后根据您最近一星期的实际感觉，在适当的空格处划一个钩，每一条文字后有四个方框，A—没有或很少时间；B—小部分时间；C—相当多时间；D—绝大部分或全部时间。

	A	B	C	D
1. 我觉得比平常容易紧张或着急	□	□	□	□
2. 我无缘无故地感到害怕	□	□	□	□
3. 我容易心里烦乱或觉得惊恐	□	□	□	□
4. 我觉得我可能将要发疯	□	□	□	□
5. 我觉得一切都好，也不会发生什么不幸	□	□	□	□
6. 我手脚发抖打颤	□	□	□	□
7. 我因为头痛、颈痛和背痛而苦恼	□	□	□	□
8. 我感觉容易衰弱和疲乏	□	□	□	□
9. 我觉得心平气和，并且容易安静坐着	□	□	□	□
10. 我觉得心跳得很快	□	□	□	□
11. 我因为一阵阵头晕而苦恼	□	□	□	□
12. 我有晕倒发作，或觉得要晕倒似的	□	□	□	□
13. 我吸气呼气都感到很容易	□	□	□	□
14. 我的手脚麻木和刺痛	□	□	□	□
15. 我因为胃痛和消化不良而苦恼	□	□	□	□
16. 我常常要小便	□	□	□	□
17. 我的手脚常常是干燥温暖的	□	□	□	□
18. 我脸红发热	□	□	□	□
19. 我容易入睡并且一夜睡得很好	□	□	□	□
20. 我做恶梦	□	□	□	□

总粗分：　　　　　　标准分：

表中第 5、9、13、17、19 题为反向计分，A、B、C、D 四级分别评为 4、3、2、1 分，其余题为正向计分，分别评为 1、2、3、4 分。将 20 题的得分相加，即为总粗分，通过下式可换算成标准分：

标准分＝粗分×1.25

中国正常人 1158 例测定的结果（吴文源，1993），总粗分均值与标准差为 29.78±10.07，总粗分的正常上限为 40 分，标准分为 50 分，超过此分数就提示存在焦虑症状。

对青少年焦虑症的预防主要是改善环境与教育方式，如改变不合理的要求，不体罚、不溺爱，培养坚强意志和开朗性格，建立克服困难的信心。排除环境中的不良应激源。可用心理治疗的方法，让患者认识该病的功能性而非器质性的性质，消除疑虑，去除病因，正确安排学习生活，劳逸结合，患者不宜全休在家，否则会加重焦虑，可应用催眠、松弛疗法，气功、太极拳等有一定防治效果。药物治疗上主要应用抗焦虑药，如安定类，对伴有抑郁症状者可用抗抑郁药丙咪嗪、阿咪替林、多

虑平等。

对考试焦虑者加强放松训练和自信心训练，让他们学会察觉对考试的不良认知，通过自我质辩，及时用合理的信念取代不合理的信念。在应试技巧上，要培养良好的学习习惯，加强理解记忆，及时复习，做好应试准备，进行一些答题的策略训练。培养应试技巧的先决条件是要对自己的学习习惯和应试技能及时监测，以发现薄弱环节，再加强调整。学习习惯与应试技能自我测查表既可用于对学习与考试问题的监测，也可作为对付考试焦虑的一类指导方案（参见表7-3、表7-4）。

表 7-3　学习习惯与应试技能自我测查表

指导语：请按照自己的实际情况，选出每题的是或否。

1. 直到临考前的晚上，我才对需要复习的大部分功课进行突击。
2. 当准备应试时，我变得紧张不安，或由于某种其他原因而难以学习。
3. 在参加论述题考试前，我阅读所有与此次考试内容有关的材料。
4. 我常常得反复读几遍，才能理解一份材料。
5. 在阅读中，我抓不住重点。
6. 在答论述题之前，我先把答案考虑好，写在草稿纸上。
7. 在阅读时，遇到生词或无法从上下文中确定某个词的含义，我就查字典。
8. 除了重要的引证之外，我用自己的话记笔记，而不照搬作者的语言。
9. 考试期间，我紧张不安，不能像平常那样从容应试。
10. 我在零星的纸片上记笔记，而不记在笔记本上。
11. 在阅读中，有时我记下纲要，画出简图，或将有代表性的观点制成图表。
12. 我实际上连一个完整句子包括哪些成分都不知道。
13. 我常常需要有一定的压力才能学习。
14. 我定期复习。
15. 我的学习常常被来访者、电话和其他娱乐打断。
16. 只有在完成指定的学习任务后，我才做其他事情，我把这作为一项制度。
17. 我常常利用做作业的时间玩耍、约会、看电影、散步读小说、看电视或听音乐。
18. 有时当我坐下来学习时，才意识到自己对课外作业究竟是什么还不清楚。
19. 我用学校里所学的书本知识帮助自己理解外部世界中的各种事情。

20. 我把听课笔记认真整理并妥善保存。
21. 在写论文时，我不知结论怎样写。
22. 我往往无意中将不重要的材料记在笔记本上，这些材料考试中根本用不上。
23. 开始写作前，我要拟提纲，或拟定一份写作计划。
24. 我是在阅读课完了以后才记笔记，而不是边读边记要点。
25. 交论文前我通常要进行推敲，以便在定稿前能把论文修改得更好一些。
26. 有时我不能如期完成作业，或匆匆忙忙地应付一下便交了上去。
27. 我不喜欢某些教师或课堂，这影响了我的学习成绩。
28. 我常常发现，自己还没弄清读的究竟是什么，便已看了好几页了。
29. 我常常跳过阅读时所碰到的表格和图解。
30. 我把书上的重点和难点做上标记，以便复习时对此格外留心。
31. 我有一个卡片簿或索引本，用来记录生词和词义。
32. 阅读过程中，在一章结尾，我经常停顿一下，以便归纳本章要点。
33. 当我在学习中遇到问题时，我会毫不犹豫地提出来跟老师进行辩论。
34. 看书时，有时我会自言自语读出声来。
35. 我感到教师对我很冷淡。
36. 即使我知道正确的答案，我也时常害怕在课堂上背诵或回答问题。
37. 我常常睡眠不足，因而上课时昏昏欲睡。
38. 碰到新词汇适用的场合，我就去应用它们。
39. 我有一个明确的学习计划表，列出了学习时间和地点。
40. 我在学习时好做白日梦。
41. 我在学习时常常坐不住，因而无法把精神集中在学习任务上。
42. 开始学习新功课之前，我对先前学过的材料进行复习。
43. 如果没有正当理由，我一定坚持执行自己的学习计划。
44. 有时我边看电视边学习，或者一边听人谈话，一边学习。
45. 在某一课程上我花费时间过多，而在其他课程上时间则不够用。
46. 学习时，我常常站起来，来回走走，看看报纸，或吃点零食。
47. 我喜欢想出具体的例子，来证明所学到的一般原理和规则。
48. 开学初，我静不下心来，难以认真考虑功课。
49. 有时我到了课堂上或坐下来学习时，才发现没带所需的课本等学习用品。
50. 我利用某一课程中所学的知识，来理解其他学科的东西。
51. 有时我对所学材料进行深入学习，虽能背诵，也不停止。

52. 我实在不知道一篇论文究竟应当怎样开头。

53. 我对自己的功课感到担忧。

54. 准备应试时，有时我试图把书本上的话一字不漏地记在脑子里。

55. 我借助间接光线阅读，而不在直接光线下阅读。

56. 在对某章内容详细阅读之前，我先把这章的内容大体浏览一遍。

57. 我感到教师是我的朋友。

58. 我发现自己的学校生活大多是有趣的。

59. 在多数情况下，我是为应付考试而学习的。

60. 我尽快阅读，以便能迅速而准确地完成指定的作业。

表 7-4　有良好学习习惯和应试技能者的答案

测查内容	“是”的题目序号；“否”的题目序号
学习习惯与方法	14，16，19，38，39，42，43，12，13，15，17，18，37，40，41，47，50，51；44，45，46，48，49，53，55；
阅读习惯与技能	7，11，30，32，56，60；4，5，28，29，34；
对学校的态度	33，57，58；27，35，36；
记笔记和写论文	8，20，23，25，31；10，22，24，26，52；
准备与应试	3，6；1，2，9，21，54，59；

5. 学校恐怖和社交恐怖

恐怖症是指在某种特定事物、处境或与人交往时而发生强烈恐惧感，主动采取回避方式来解除焦虑不安。患者明知恐惧不对，又无法控制，为此焦虑不安，影响正常生活。恐怖症曾有过多种名称：恐火症、恐人症、恐蛇症、恐毛发症、恐高症、尖锐物恐怖症、广场恐怖症、学校恐怖症和社交恐怖症等。学校恐怖症是一个特殊类型，发病年龄高峰在 5～7 岁、11 岁和 14 岁，女孩多见。患者主要表现出对学校的恐怖，强烈拒绝上学，长期旷课，主诉躯体有病，头痛或腹痛，但查不出疾病体征，可在家学习，无其他异常表现。若强迫其上学，可能导致惊恐发作。

恐怖症的病因有很多，精神分析学派认为，恐怖症主要由分离焦虑引起，母子之间存在共生和过度依赖现象，儿童的极强依恋导致恐惧自己和母亲会发生什么不幸，只有呆在家里不上学，才满足母子需要，并消除焦虑。患儿的母亲本人也常有极强的依恋经历，将这种体验对自己的孩子进行认同，过度地保护他们，纵容孩子的每一要求，导致上学困难。父亲对这种过度保护作用不加抑制，也会产生不良后果。患儿的母亲多伴有一些神经症。行为学派认为，强化是恐怖症的决定因素。如父母对恐惧行为有选择性地注意或奖赏（尽管不是故意的）能教会孩子恐惧；让孩子呆在家中，提供可口的食品和游戏活动也会强化孩子不去上学的行为。儿童少年还可通过观察与模仿，学到恐惧反应。行为学派也认为“分离焦虑”是学校恐怖症的中心问题，母亲的威吓会强化患儿不去学校的回避行为；还有注意和条件恐惧方面的影响，学校教师的惩罚，家长的庇护，母亲的焦虑，患儿在校的不良体验，同伴的侵犯行为等均可作为强化因素，使孩子拒绝上学。生物学派认为，恐惧是机体与环境相互作用的产物，一个自主神经系统反应超敏的少年更易发生恐怖行为。患儿母亲有神经症、患儿自幼性格不良、亲子关系不和谐等均可成为学校恐怖症的病因。

恐怖症的临床表现可分为三大类，一是单纯型恐怖症，如恐惧黑暗、动物或高处等；二是广场恐怖，恐怖公开场合和人群聚集的车站、市场和影院；三是社交恐怖，在社交场所局促不安，如对视恐怖、学校恐怖等。

恐怖症诊断标准是：

（1）符合神经症诊断标准。

（2）以恐怖为主要临床相：对某些客体或处境有强烈恐怖，恐怖的程度与实际危险不相称；发作时伴有植物神经症状；有回避行为；知道恐怖过分、不合理、不必要，但无法控制。若恐怖对象为某些特定环境，如高处、广场、闭室、黑暗和拥挤的场所，称为场所恐怖症；若恐怖对象为社交场合和人际接触，称为社交恐怖症；若恐怖对象为某些特定物

体，如动物、鲜血、尖锐锋利物品，称为物体恐怖症。

在青少年恐怖症的预防上，要从小加强孩子的性格培养，使其有乐观、开朗、坚强的性格；教育方式要正确，提倡讲科学、讲道理，不要用鬼神、怪物、关黑房子等手段威吓孩子；父母和教师要注意自己的行为示范作用，不能无故怕这怕那。对学校恐怖症患者要尽量早期治疗，首先排除躯体疾病是否存在，让患者理解治疗目的，父母参与合作，鼓励孩子上学，延长在校时间。治疗方法上，采用较多的是行为疗法，如系统脱敏、示范法、强化法、认知治疗和家庭治疗等。

作者曾对一位社交恐怖症的女中学生实施了系统脱敏，先指导她拟订了恐怖对象梯级表，从轻至重依次为女同学、父亲、男同学、老师、陌生人等，再学习进行性放松技术，并开始实施现实交往脱敏；在前三个梯级的治疗阶段较为顺利，但与老师交往时，患者恐怖情绪加重，不能有效地放松，因此又回复到与男同学的交往阶段，重新配合放松训练进行脱敏，待适应后，又安排与熟悉的老师交往，再逐步过渡到任课老师与班主任，最后安排一些患者不认识的大学生与之接触、交谈，通过两个月的治疗，患者对人恐怖的情绪逐步缓解。

6. 强迫观念与强迫行为

强迫症是一种以强迫观念和强迫动作为特征的神经症，患者意识到它不必要，但不能控制，并为此苦恼不安，自知力完好，求治心切。

在强迫症的各类病因中，社会心理因素起诱发作用，如工作和生活环境变换、要求过分严格、处境困难、担心意外、家庭不和、怀孕紧张、亲人去世、政治冲击和濒临破产等，使患者谨小慎微，遇事犹豫不决，反复思考，忧心忡忡，促发强迫症状。强迫症还表现出一定的遗传素质和人格特征，亲属患病率高于对照组，患者人格特征为：胆小怕事、优柔寡断、过于细致、严肃古板、一丝不苟、反复推敲等等。

强迫症的临床表现分为强迫观念和强迫动作两大类。强迫观念有：强迫性怀疑，反复锁门，反复查对；强迫性回忆，对一些往事经历反复回忆，明知缺乏实际意义但无法摆脱；强迫性穷思竭虑，无休止思索一些缺乏实际意义的问题，如"人为什么分男女"；强迫性对立思维，脑中出现对立思想，读到"战争"，想到"和平"。强迫动作有：强迫性洗涤，如反复洗手、洗澡，明知已清洁，无法控制；强迫计数，见到电线杆、窗栏、楼层就要计数，否则会感到烦躁；强迫性仪式动作，以此象征吉凶祸福，如某患者进门总要先进二步，再退一步，表示父病能逢凶化吉，不做这些动作会焦虑不安。

强迫症诊断标准是：

（1）符合神经症的诊断标准。

（2）以强迫症状为主要临床相：以强迫思维表现为主的有强迫观念、强迫回忆、强迫表象、强迫性对立观念、强迫性穷思竭虑、强迫性害怕丧失自控能力；以强迫动作表现为主的有反复洗涤、反复核对检查、反复询问、仪式化动作等。

对强迫症可采用行为治疗方法，如系统脱敏、橡皮圈弹击手臂、支持性心理治疗等，要提高患者对疾病的认识，分析人格缺陷，减少焦虑，增强信心。药物上用丙咪嗪对控制强迫症状有特殊疗效。有人提出以强迫观念为主者首选药物治疗，以强迫行为为主者行为疗法有效。

对青少年强迫症要注意预防，注意从小培养孩子的良好个性，对孩子的要求不要过于刻板，要注意父母和教师性格不良对孩子潜移默化的影响。在治疗上，给患者心理支持，帮助他们找出病因，建立信心，鼓励他们多参加集体活动，要求父母积极参与合作，对孩子的症状不要过分焦虑和担心，不能采取强制手段横加制止和体罚，否则会加重症状。药物对强迫症状本身无效，但可抗焦虑。对症状重者，可采用心理行为疗法。我国学者对成年强迫症患者采用了森田疗法和认识领悟疗法等，取得了较好疗效。对青少年强迫症采用认知疗法并不理想，常常采用行为疗法为主。作者曾用厌恶疗法治疗一位有强迫性脱套钢笔帽习惯的中学生。该生每次做作业或写字时，都要出现这种脱套钢笔帽的观念和行为，以至影响注意力，学习成绩不良，明知不必要，但无法克服，为之万分苦恼。曾在父母的陪同下多处求治，效果不明显。作者对该生采用了简便易行的橡皮圈弹腕厌恶疗法，嘱其在手腕处套上一根橡皮圈，当出现脱套钢笔的强迫观念时，用力拉弹橡皮圈，造成手腕处的剧烈疼痛，计算拉弹次数，作好记录，直至强迫观念消失为止。经过一月的治疗，脱套钢笔的强迫行为消失，强迫观念减轻，撤销厌恶治疗，观察 2 月无复发，该生注意力能够集中，学习成绩上升。

7. 心境抑郁与监测

心境抑郁是抑郁性神经症的主要表现之一。抑郁性神经症是由社会心理因素引起的一种持久的情绪抑郁，程度较轻，病程迁延。患者具有持久性的情绪低落、沮丧、压抑，伴有焦虑、躯体不适和睡眠障碍，无幻觉和妄想等精神病性抑郁症表现，日常生活学习无明显异常，有自知力，主动求医，多见于女性。

抑郁性神经症的病因尚不十分清楚，社会心理因素是有影响的，如与人争吵、亲人分离、意外伤残、工作困难、学业失败和人际关系紧张等。患者表现出一定的人格特征；情绪低落、寡言少语、喜欢思考、精神不足、凡事看得悲观，回忆过去谴责自己，展望未来缺乏信心，面对现实困难重重。有人认为不良的认知模式在抑郁性神经症发病中起重要作用。躯体疾病也有影响，如癌肿和血液病患者易产生担心或焦虑情绪。患者体内的生化物质有所改变，如脑内去甲肾上腺素和5—羟色胺减少。

抑郁性神经症的临床表现主要是抑郁情绪，程度轻，患者描述生动具体，如主诉心情不畅、消沉、沮丧，看周围一片暗淡，对工作无兴趣和热情，有些患者有轻生念头。患者学习生活工作影响不明显，常常被人认为是思想问题来进行教育。有的患者以躯体症状表现为主，如头、背、四肢痛，查不出原因，有植物神经功能障碍，胃部不适、腹泻、便秘和失眠等。

抑郁性神经症的诊断标准是：

（1）符合神经症的诊断标准。

（2）以持久的轻度至中度抑郁为主要临床相，伴有后述症状中的三项：兴趣减退，但未消失；对前途悲观失望，但不绝望；自觉疲乏无力或精神不振；自我评价下降，但愿接受鼓励和赞扬；不愿主动与人交往，但被动接触良好，愿接受同情和支持；有想死的念头，但又顾虑重重；自觉病情严重难治，但主动求治，希望能治好。

（3）无后述症状中的任何一项：明显的精神运动性抑制；早醒和症状晨重夕轻；严重的内疚或自罪；持续的食欲减退和明显的体重减轻；不止一次自杀未遂；生活不能自理；幻觉或妄想；自知力缺损。

（4）病程至少2年，在全部病程中大部分时间心境低落，如有正常间歇期，每次最长不超过2个月。

抑郁性神经症也可应用量表评定方法来筛查。这类评定量表很多，这里介绍常用的抑郁自评量表（SDS）。SDS由Zung氏于1965年编制，含20条目，4级计分，可以自评，也可他评，一次评定约10分钟，使用简便。参见表7-5：

表 7-5　抑郁自评量表（SDS）

填表注意事项：下面有 20 条文字，请仔细阅读每一条，把意思弄明白，然后根据您最近一星期的实际情况在适当的空格处划一个钩，每一条文字后有四个空格，A—没有或很少时间；B—小部分时间；C—相当多时间；D—绝大部分或全部时间。

	A	B	C	D
1. 我感到情绪沮丧，郁闷	□	□	□	□
2. 我感到早晨心情最好	□	□	□	□
3. 我要哭或想哭	□	□	□	□
4. 我夜间睡眠不好	□	□	□	□
5. 我吃饭像平时一样多	□	□	□	□
6. 我的性功能正常	□	□	□	□
7. 我感到体重减轻	□	□	□	□
8. 我为便秘而烦恼	□	□	□	□
9. 我的心跳比平时快	□	□	□	□
10. 我无故感到疲劳	□	□	□	□
11. 我的头脑像往常一样清楚	□	□	□	□
12. 我做事情像平时一样不感到困难	□	□	□	□
13. 我坐卧不安，难以保持平静	□	□	□	□
14. 我对未来感到有希望	□	□	□	□
15. 我比平时更容易激怒	□	□	□	□
16. 我觉得作出决定是很容易的	□	□	□	□
17. 我感到自己是有用的和不可缺少的人	□	□	□	□
18. 我的生活很有意义	□	□	□	□
19. 假若我死了别人会过得更好	□	□	□	□
20. 我仍旧喜爱自己平时喜爱的东西	□	□	□	□

表中第 2、5、6、11、12、14、16、17、18、20 题为反向计分，A、B、C、D 四级分别评为 4、3、2、1 分，其余题为正向计分，分别评为 1、2、3、4 分。将 20 题的得分相加，即为总粗分，通过下式可换算成标准分：

标准分＝粗分×1.25

中国正常人 1340 例测定的结果（吴文源，1993），总粗分均值与标准差为 33.46±8.55，标准分均值为 41.88±10.57 分，SDS 总粗分的分界值为 41 分，标准分为 53 分。超过此分，说明有抑郁倾向。

抑郁性神经症的药物治疗效果较差，要强调心理预防，解除患者的心理负荷，调整社交关系，消除心理应激源，创设健康的外部环境，从小培养开朗、健全的个性，亲属患有抑郁症须积极治疗；对自杀者做好监护。治疗上使用丙咪嗪等抗抑郁药，要注意副反应，服药遵从医嘱。我国学者应用 Beck 认知疗法治疗患者，指导病人进行自我监察，安排好行为活动，辨认特殊思想，在改变不良认知的基础上逐步建立有信心的活动程序，配合松弛训练，结果表明，疗效优于药物治疗。

8. 疑病是自找的疾病

疑病症指过分的关注自身健康、怀疑身体某部位或某一类器官异常，尽管临床检查无证据，仍认为患了某病，伴有焦虑不安。患者主动四处求医，反复检查，工作和学习生活无明显影响。

疑病症的病因主要是社会心理因素，如朋友交往少、孤独、缺乏安全感、婚姻改变、子女离别等；医源性的因素有医生不恰当的言语、态度和行为引起患者多疑，诊断不确切，滥用检查，造成病人怀疑；部分病人在躯体病后自我暗示或联想而生疑。素质因素和人格特征也有影响，家族成员的患病率高于对照组。患者的人格特征为：敏感、多疑、主观、固执、谨小慎微、对身体过分关注、要求十全十美等。男性患者多有强迫人格特点，女性患者多有癔症人格特点。

疑病症主要表现为疑病症状，患者感觉身体某部位敏感度增加，过分关注，部位不恒定，描述不清；有的患者描述形象逼真，生动具体，但实际病变并不存在。患者要求做各种检查，要医生同情他，认为检查有误，为此担心忧虑，惶惶不安，苦恼。2/3 的疑病症患者出现疼痛症状，常见部位是头、下腰部等，疼痛描述不清，甚至主诉全身痛，虽查无实据，仍四处求医。有的患者表现出多种躯体症状，如口内特殊气味，恶心，吞咽困难，反酸，胀气，腹痛，心悸，胸痛，呼吸困难，担心血

压上升，还有少数患者怀疑自己五官不正，鼻子乳房形状异样，或体臭和出汗。疑病症诊断标准是：

（1）符合神经症的诊断标准。

（2）以疑病症状为主要临床相，表现有后述至少一项：对身体健康或疾病过分担心，其严重程度与实际健康情况很不相称；对通常出现的生理现象和异常感觉作出疑病性解释；牢固的疑病观念，缺乏充分根据，但不是妄想。

（3）反复就医或反复要求医学检查，但检查结果阴性和医生的合理解释不能打消其疑虑。

对疑病症主要实施心理治疗，不挑动患者的症状，不要强迫患者承认疑病不可信，重在改变不良认知，认识本病的非躯体性性质；催眠和暗示治疗可获得戏剧性效果，但若失败，会增加以后的治疗困难。环境转移、生活方式改变、注意力转移等方法均有一定作用。安定等药物治疗可消除焦虑、抑郁、失眠症状。

八、青少年品行异常与违法犯罪

1. 少年品行异常与成因

少年品行异常一类社会关注的问题。调查表明，多数违法犯罪者早年都有品行障碍的经历。品行障碍是指 18 岁以下少年反复出现违反与年龄相应的社会道德准则或纪律、侵犯他人或公共利益的行为，包括反社会性、攻击性或对抗性行为。品行障碍与少年的“调皮”不同，它远远超过了一般少年的顽皮和恶作剧的限度，年龄较大的少年品行障碍常常涉及违法与犯罪行为。

根据有无侵犯行为和是否团伙化，可将品行障碍分为四类：一是团伙一侵犯型，这类患儿有同伙，对他人常常施行躯体暴力，侵犯人家利益；二是非团伙一侵犯型，患儿同伴联系不良，也对他人施行暴力，侵犯人家利益；三是团伙一非侵犯型，患儿有同伙，常常表现出逃学，离家出走，撒谎；四是非团伙一非侵犯型，患儿同伴联系不良，也表现出逃学，离家出走和撒谎。

品行障碍的预后有过许多研究，不少学者认为，侵犯型的品行障碍会持续到成年；品行障碍与学业、成年后的求职、社会经济状况、婚姻和心理卫生问题等方面有一定联系。

品行障碍诊断标准主要有：品行障碍发生于儿童少年期，持续半年以上；至少有下列行为中的一项：

（1）经常挑起或参与斗殴；

(2) 经常故意伤害他人或虐待动物；

(3) 经常故意破坏家里的东西或公共财物；

(4) 故意纵火；

(5) 经常偷窃；

(6) 瞒过家长全天逃学，一学期三次以上；

(7) 无明显原因离家出走，彻夜不归，至少两次；

(8) 经常撒谎，并非为了逃避惩罚；

(9) 其他触犯刑律的行为。

品行障碍的原因有很多，有生物、心理和社会的多种因素。其中最主要的是社会因素和家庭问题，如父母对子女不良的教养态度和方式等。

社会政治思潮、经济状况、社会道德标准、社会风气等都对少年的道德、品质、行为和性格的发展有重大影响，它们通过多种渠道对少年发生潜移默化的作用。社会学习理论认为，品行问题和犯罪行为是后天习得的，如影视中的暴力镜头和黄色文化对少年的社会化过程有明显的塑造作用，使他们耳濡目染，出现性暴力行为、抢劫、强奸和吸毒等问题。亚文化的影响是团伙犯罪的重要原因，品行障碍的儿童青少年常常纠合起来，发展小团体的生活方式、行为准则，形成一致的评价自己和他人的标准，这就是犯罪团伙的亚文化；许多学生由于学习困难等多种原因，辍学或退学，流向社会后易被坏人利用，加入犯罪团伙，在不良的亚文化环境中形成错误的价值观与人生观，学到不良的生活方式，走上违法犯罪的道路。另外，社会结构的突然变化或瓦解会削弱原有的社会控制性规范，产生社会异化状态，成为儿童品行障碍的一个重要原因。外来文化的引入和旧有文化的冲突、社会生态环境的破坏等均是品行障碍的诱因。

家庭是影响少年品行发展的最重要方面。许多调查表明，家庭教养不良和物质剥夺、亲情淡漠、亲子感情对立、敌视、袒护、家庭有犯罪成员、对子女缺乏适当监督和养护、父母不和与离异、遭受虐待等均与少年品行障碍有关。据报导60%的少年犯来自破裂家庭。有研究提出少年品行障碍的预测因素，它包括：母亲对男孩管教放松、过严，或前后不一致，父母对孩子缺乏感情，母亲对孩子监督不适宜，听任自由活动而不予指导和约束，家庭缺乏亲密性等。对孩子的过分溺爱是品行障碍的常见原因之一，孩子为所欲为，以自我为中心，自控力差，道德观念薄弱，缺乏行为准则和规范，事事依赖成人，犯了错误也会受到父母的过分保护。这类少年适应社会困难，与人交往产生挫折后，易产生对立、仇视情绪，从而发生侵犯行为。教师对学生品行的塑造就有重要作用，教师对学生简单粗暴、冷漠、忽视、惩罚、不公正对待、严厉批评都可能导致品行障碍的发生。学校是儿童少年同伴交往的重要场所，不良的社交与团伙化和非团伙化品行障碍相关。

父母离异、死亡、自然灾害、意外事故、患重病、受惩罚等均可对少年的情感和行为产生重大影响。少年的心理需要不能满足，生理发育冲动与社会规范的矛盾不能解决，经济上依赖父母而自我独立意识又不断增强，青春期面临的心理困惑，复杂的人际交往等等，均可导致少年精神紧张，焦虑不安，产生品行问题。

研究表明，外伤和患脑病的少年、精神发育迟滞儿、精神病和遗传病患儿都可能出现品行问题。XYY 核型者的行为问题发生率高于一般人群 4～5 倍，原来认为它是侵犯性行为的主要原因，现在多数的看法是遗传和环境共同作用才使患者侵犯性行为增加。雄性激素与侵犯性有关，所以男性的侵犯性行为多见。中枢神经递质 5－羟色胺的降低、大脑边缘系统的调节活动异常等均和侵犯性行为相关。

2. 良好道德品质的培养

道德品质培养是防治青少年品行障碍的根本措施，也是学校教育的重要组成部分。但它常常被学生和家长所忽视。道德品质是个人依据一定的道德行为准则行动时所表现出来的某些稳固特征，它包括三个部分：道德认识、道德情感和道德行为，三者相互联系和影响。

道德认识是指对是非、好坏和善恶的行为准则及其意义的认识，它产生于道德情感，有助于指导道德行动。道德认识的主要标志是道德概念的掌握和道德判断水平的发展。儿童的道德概念的发展与其思维发展水平相关，幼儿一般只能直观地认识道德现象，根据人行动的表面现象和外部特点以及行动的直接后果来判断好坏，小学儿童对道德概念的理解也往往是肤浅和表面的，概括能力差，9 岁以后道德表象逐步丰富和完善，懂得什么是道德或不道德，什么是善恶、美丑和是非等。道德概念的掌握是逐步完成的，它与家长和教师的教养方式密切相关，家长对孩子行为的赞许或斥责、教师的表扬或批评等都会对儿童道德概念的形成和道德判断产生影响。道德判断是运用道德概念和知识对行动的是非和好坏进行评价的过程，儿童少年的自我评价能力往往落后于对他人的评价能力，评价常常片面。

道德情感是根据一定的道德标准对行为进行道德评价时所产生的情感体验，它对人的行为有巨大的推动、控制和调节作用。道德感约在 2 岁开始发展，幼儿的道德感受成人影响；到学龄初期，经过教育，儿童开始用道德标准对各种行为作出评价，责任感、义务感、友谊感和集体主义情感有了一定发展，但仍很片面和狭隘；青少年时期道德感发生重大变化，能够评价自己，评价行为的动机，评价整个道德品行，更复杂的道德感也相应发展。

道德行为是个体道德意识的外在表现。儿童的道德行为是指掌握言语以后才逐步产生的。婴儿只有道德行为的萌芽；学前初期的道德行为动机往往受当前刺激的制约；到了学前晚期，儿童出现主动、独立的社会道德动机，但还不能把行为动机和行为效果统一起来；从小学起，通过教育，儿童开始自觉地调节和支配自己的行为，但行为有时和道德认识不一致，且不稳定，观察性学习和模仿在儿童的道德行为形成和发展中具有重要的影响作用。

根据目前认知治疗的观点，强调信念在品行障碍矫治中的作用，因此，有必要注意道德信念的问题。道德信念是人的意识中根深蒂固的道德观念，是深刻的道德认识、强烈的道德情感和顽强的道德意志的有机统一。它使人的道德行为表现出坚定性和一贯性，是道德品质形成中的关键因素。道德信念是在教育和社会的影响下，通过个人所掌握的道德知识逐步内化形成的。小学 1～2 年级学生尚未形成道德信念；3～4 年级才表现出道德方面的愿望，但信念还不稳定；5年级学生开始表现出具有一定自觉性、独立性和坚定性的道德信念；真正概括、深刻而坚定的道德信念是跟一个人的世界观、人生观和理想密切关联，并受它们的支持，一般在小学的中晚期才能形成。

良好的道德品质是在家庭教育、学校教育和社会环境的影响下，通过学习和反复实践而逐步形成发展的。道德品质的培养要根据青少年的年龄特点来安排。对年龄小的儿童，多从道德行为的训练入手来培养其道德品质。道德行为的训练一般包括三个部分，一是道德行为方式的掌握，二是道德行为习惯的养成，三是道德意志的锻炼。通过训练，要让儿童少年学会正确的道德行为方式，形成相应的行为动机，使行为和道德认识相一致；还要注意训练的反复与巩固，使之形成良好的道德行为习惯，并随时消除不良的品行习惯；道德意志的训练最为重要，要通过示范和英雄人物的介绍使儿童获得道德意志的概念和榜样，产生意志锻炼的愿望，并通过布置一些必须完成的任务，适当设置一些外部障碍，鼓励孩子实践，提高意志力。在训练过程中，要及时奖励和反馈，并让儿童少年自己对行为的道德性质和意志品质的优缺点进行小结。对小学高年级学生和中学生要进行道德品质教育，激发道德感情，培养他们团结友爱、相互帮助和爱护公物等道德品质，再逐步提高要求，培养他们爱科学、爱劳动、爱祖国和爱人民的道德品质。对高中生，要注意道德认识的培养，形成合理稳固的道德信念。

道德品质的培养还应包括对不良道德品质的教育矫治。道德品质不良是指行为违反道德准则或犯有严重的道德过错。它与品行障碍的含义相关。如不及时矫治，也会导致违法犯罪。对道德品质不良青少年的教育矫治涉及家庭、学校和社会多方面，首先要了解青少年不良道德行为的动机，以便对症下药；要尊重他们的自尊心，避免不必要的惩罚和指责；要关心、帮助他们，以消除对抗情绪或疑惧心理；要注意重建他们的自信心，去掉自卑心理。

3. 常见的不良品行

（1）攻击行为：攻击行为又称侵犯行为，是指基于愤怒、敌意、憎恨和不满等情绪，对他人、自身或其他目标所采取的破坏性行为。它可以是具体行动，也可以是语言文字。根据性质可将攻击行为分为两类：一是良性攻击行为，是指在种族或个体生存受到威胁或者荣誉尊严和正当权益受到损害时所发生的防御性行为，它对于个体的生物适应和社会适应及种族生存与繁衍具有积极意义；二是恶性攻击行为，它是一类为社会道德、行为规范及法律制度等所禁戒的侵害性行为，它在客观上导致物品的损毁、肉体的伤害和心灵的苦痛，具有一定的残忍性和破坏性。这里重点讨论的是恶性攻击行为。

少年的侵犯行为常见，表现为受挫折时出现焦虑不安、暴怒、伤人毁物，特别对父母横蛮无理。此种行为与单纯的发脾气不同，常常造成对其他人的伤害或物品损害。侵犯行为以男孩多见，青春期是高发年龄

段。这类不良行为如不及时克服，成年后会构成严重的社会适应困难、人际交往不良或斗殴、凶杀等不良行为。

一般认为，内在需求和外部压力之间的矛盾冲突会使个体遭受挫折，出现攻击反应；攻击行为还和生活历程中的直接与间接经验有关，可以通过强化和模仿学习获得，并被某种环境因素所激发。

攻击行为经过适当干预可以减少。干预方法有家庭治疗、学校教育、示范和强化疗法等。要注意行为转换，开展体育锻炼，让愤怒的情绪得以疏泄。还要加强社会舆论监督和法律制裁措施。

（2）违拗：患者表现出不顺从和抗拒性，对权威人物特别是父母“挑衅”反抗，所以又称反抗行为。少年违拗行为常常是因父母未能满足其某些要求而爆发。患儿虽表现违拗与不服从，但内心常感焦虑与害怕，怕受成人惩罚。调查表明，这类患儿的父母常常对孩子要求高，质疑与批评多，经常用羞辱、生气和找岔子等方式对待孩子。

对这类行为的矫治可采用多种行为疗法，如暂时隔离法和消退法等。患儿症状出现后，父母的反应要注意两方面问题：一是不要粗暴，打骂虽可暂时消除孩子表面违拗，但孩子常常口服心不服，打骂行为还给患儿提供不良的示范作用，导致孩子今后更加违拗；二是不能迁就，不能因为孩子哭闹就放弃原则，否则患儿会以此为“武器”来迫使父母迁就，满足其不合理的要求。

如果孩子从小不听管教，有了不良行为也未及时干预，品行问题会愈加严重，甚至导致违法犯罪。因此，对孩子要从小注意教育，既要解决违拗问题，又要帮助他们认识到自己的错误。在患儿情绪平静时说清道理，养成遇事讲道理的好习惯。

（3）说谎：说谎是指有意或无意讲假话。年幼儿童由于认识能力和思维能力均未发育完善，分不清自我与环境以及事物的真伪，常由无知而说谎，这被视为天真幼稚。稍大的儿童十分富于幻想，常将幻想与现实搀合一起，为了满足自己幻想中的某些欲望而说谎。这两种说谎可随年龄增长与认知发展得以纠正。有些儿童少年由于环境及教养因素从说谎中得到益处，常采用说谎来达到自己的目的和愿望，说谎成为一种待人接物的行为模式，这种说谎就是一种品行障碍。

父母等成年人的不良言传身教，对孩子某些缺点采取过于粗暴的惩罚态度，会对孩子起到潜移默化的作用，使他们通过模仿学习，“获得”说谎，以逃避惩罚，取得父母欢心，得到某些奖励。如说谎能达到目的，会受到阳性强化，患儿会更加喜好说谎。所以应对孩子的说谎及时纠正和教育。

说谎行为还会在一些病理状态下发生，如癔病性说谎、脑病、精神病性说谎等。这些说谎的干预应重在治疗原发病。

（4）偷窃：偷窃不仅是一种品行障碍，也是少年违法的重要表现之一。年幼儿童由于不能完全分清“我的”和“别人的”东西，看见自己喜欢的就拿，随着自我意识的萌芽，父母要及时注意对孩子的教育和道德品质的培养，使他们逐步控制自己，不拿别人的东西。如果家庭教育不良，父母袒护和偏爱，儿童少年会学到偷窃行为。开始偷窃的对象常常是父母、兄弟姐妹、同学或小伙伴。偷窃的动机有的是想买糖吃，父母不给钱就去偷父母钱包；有的是偷玩具和零食自己享乐；有些是偷别人的心爱之物作为报复对方的手段。开始偷窃时，儿童少年心情常常矛盾，一方面认识到偷窃是不道德的行为，怕被发现后挨揍、丢人，为之焦虑和恐惧；另一方面又迫切想得到钱或物，经不住诱惑。一般孩子在家偷父母钱包是很容易成功的，如不及时纠正，给予严厉批评教育，这种行为会受到侥幸成功的鼓舞而继续发展，孩子的胆量会变得越来越大，偷窃的技巧越来越高。此时若有坏人引诱、社会风气不良，会走上违法犯罪道路。

还有一种偷窃称“偷窃癖”或“偷窃狂”，它是一种冲动控制障碍，指反复出现不可克制的偷窃冲动，偷来的东西不是为了满足个人需要和经济目的，而是将它们隐藏，暗地里退还原主，送给他人或丢弃。患者在偷窃行为发生之前，紧张感逐渐升级，偷到东西后有极大的轻松感与满足感，间隔数周或数月，再出现强烈偷窃欲望。这种偷窃行为均系单独进行，患者不与人合作，人际关系差，女性多于男性，偷窃行为自儿童少年时期开始。未成年儿童少年偶有偷窃行为者并不少见，但发展为成年的偷窃癖少见。

偷窃的干预需要家庭、学校和社会的共同参与和努力，从品德与法制教育入手，对偷窃行为及时批评。对偷窃癖患者可采用厌恶疗法和系统脱敏法。如强制偷窃者将“这不是我的东西，我不应该拿”这句话写上数万遍，使之对拿人家的东西产生厌恶感。

（5）逃学与离家出走：少年逃学多是由于厌恶学习、反抗教师或家长以及贪玩等原因造成的。孩子背着书包离家后，在外面游荡，常常被社会上的流氓所引诱或利用，结成团伙进行违法犯罪。家长与教师要密切合作，经常互通信息，发现问题，及时干预。

少年离家出走并不少见，多数是因为遭受父母的惩罚与打骂、继父或后母的虐待、学习成绩不好而怕见父母等原因出走。第一次出走如获得满足，以后会多次离家出走。孩子出走是希望寻求新的温暖。针对这种情况，父母要及时发现原因，和有关方面合作，劝说孩子回家，或让孩子在亲友家中小住一段时间，说清道理，消除误会，解决存在的问题，以防再次出走。如采取严厉惩罚或祈求等方式，均不能使孩子的出走行为得以纠正。

青少年出走的原因和手段更为复杂，如为了冒险、自暴自弃、寻求“自由”、恋爱受挫、反抗家庭歧视和虐待、不良影视榜样和坏人的引诱等等都会使他们多次出走，四处流浪。对他们进行干预较难，主要是查明原因，辅以心理行为治疗和教育辅导。

4. 青少年违法犯罪

青少年违法犯罪是一个社会学概念，主要表现是反复发生持久性的反社会行为，包括违法行为和犯罪行为，前者是指那些情节轻微、危害小、不能定为犯罪的行为，如逃学、偷窃、打斗、离家出走、少年期性淫乱行为等；后者是指抢劫、凶杀和强奸等犯罪行为。青少年违法犯罪又称少年罪错。少年违法犯罪多由儿童时期开始，在少年期反社会行为充分发展，直到18岁时明显缓解，其中1/4成为屡犯，1/6成为成年变态人格患者。

青少年违法犯罪由于没有确切定义，发生率各地不等。如果资料只来源于官方记录，那么就可能低估少年违法犯罪的数量；如果采用少年自我报告方式收集资料，违法犯罪数量就会大大增加。据报导，国外工业化国家的青少年违法犯罪率为1%，我国为1‰，但增长速度快，如我国青少年犯罪占全部犯罪的比例50年代为30%，60年代为60%，70年代为76%，80年代为80%，发展呈上升趋势，犯罪高峰年龄为15～18岁，始犯年龄高峰为12～15岁，8～12岁以盗窃为主，13～19岁以打架、行凶和性犯罪为主。

青少年违法犯罪是世界性难题，研究表明，目前青少年违法犯罪的基本趋向反映出下述几方面特点：一是低龄化倾向明显，中学生发生率显著上升；二是为了享乐而违法犯罪的案例增多；三是大城市或人口稠密地区的发生率高；四是屡犯明显增加；五是团伙化明显发展。

违法犯罪的诱因有很多，青少年面临的各种身心矛盾冲突是一类重要原因。如个体需要的不断增长与社会家庭满足能力之间的矛盾、性冲动与社会道德和法制间的矛盾、独立意向增强与认识能力低和依附关系间的矛盾、客观现实的不良影响与青少年识别抵制能力不足之间的矛盾、活动能量充沛与安全意识淡漠的矛盾、认识与情感和行为间的矛盾等。

违法犯罪患儿具有一定的心理行为特征。在认识上，患者能力低，甚至愚昧无知，突出体现在五种错误的观念上，即吃喝玩乐的幸福观，封建行帮的友谊观，亡命称霸的英雄观，无政府主义的自由观，低级庸俗的乐趣观。在情感方面，他们缺乏正义感与道德感，容易爆发激情；情感倾向性上好恶颠倒，缺乏对他人的起码尊重与同情；情感有强烈的冲动性，难以自控；情感极不稳定，变化多端，喜怒无常。患者意志上具有明显的两极性，要么自卑，意志力薄弱；要么自负，意志力畸形发展，有极强的冒险侥幸心理。在动机上以物质占有、逞强好胜、性发泄、报复嫉妒、自我显示、好奇、寻求刺激为主。在行为上常常模仿、冲动、残暴、多变、团伙化、盲从、戏谑。

研究表明，与青少年违法犯罪的相关因素还有很多，如家庭学校社区的环境缺陷，同伴的不良交往，坏人教唆，模仿与接受暗示，帮派纠合，未形成守法心理结构，不能抵制犯罪的诱惑与胁迫，缺乏自制力，精神发育不全，人格障碍以及其他精神神经疾病等。

犯罪的心理预测是指运用心理科学的理论和方法，对一定社会内未来犯罪现象的种类、数量、发展趋势以及某些个体犯罪或再犯罪的可能性进行有根据的估计和推断。青少年违法犯罪的心理预测对早期防治具有重要意义。心理预测的方法有很多，此处介绍犯罪性格指数法。调查表明，我国青少年犯罪心理包括如下几类：

A. 以自我为中心的世界观和人生观；

B. 有难以克制的强烈欲求和恶习；

C. 感到挫折和压抑，发泄不满，有较强的忌妒心、报复心和仇恨心；

D. 有某种与犯罪相适应的能力和条件，如一定的智力、体力、技术等；

E. 有犯罪动机；

F. 道德感和义务感淡漠或缺失；

G. 自制力缺乏，不顾后果，易冲动与冒险；

H. 自以为有可能脱逃惩罚的侥幸心理，或厌世轻生，不企图逃避惩罚；

I. 一定程度的精神异常或心理变态。

上述几类以 A、B 两项为核心，影响和支配人的犯罪行为。当这些犯罪心理在人的个性中占有重要地位时，就具备了犯罪性格。可用下述公式表示（方强，1985）：

$$Z=\frac{A+B+C+D+E+H+I}{F+G}$$

Z——犯罪性格指数

可见，犯罪行为发生的可能性与道德感、义务感和自制力呈反比，与其他犯罪心理呈正比。犯罪性格指数 Z 值越大，犯罪的可能性越大。当然，此种预测方法的信度和效度尚须进一步研究。

违法犯罪的干预强调预防为主。预防工作的一个重要方面是实施正确的家庭预防。要通过良好的家庭教养，使儿童顺利地进入社会化过程，父母要言传身教，加强自身修养，正确处理人际关系，为孩子树立良好的榜样。对孩子的行为要有明确的要求与是非标准，让他们学会判断与评价自己的行为，加强自控。对孩子不能溺爱，家人教养方式要一致，多采用表扬与肯定的方法，注意亲子之间的感情交流，及时满足他们的心理需要。对那些调皮、难于教养的孩子，要根据其身心特点安排他们的活动，多安排一些户外的集体活动与游戏，让他们过剩的精力有出路，在同伴交往中学到正确的品行与举止。

学校与社区的预防工作也很重要。教育机构要与家庭密切合作，可通过定期家长会和家校联系卡互通信息；学校要把以升学教育为主转变成以素质教育为主，减轻学生的升学压力和学习负担，对差生、留级生、辍学生要提供心理支持和有针对性的帮助，注意改进教学方法，因材施教，对学习困难者施行特殊教育。社区要通过宣传教育和立法手段，倡导健康的道德标准与社会风气，注意影视媒介的正确导向，加强社会秩序的法制化管理。

我国对违法犯罪青少年实行教育、挽救和改造政策，积累了一些有效经验，如建立少年管教所、劳教队以及收容机构，组织社会、家庭和学校三结合的帮教队伍，教育和改造了一大批违法犯罪青少年。传统上采用的是集中干预方法，如工读学校、拘留中心的改造等，其效果不能令人满意。调查表明，释放人员的重犯率仍很高，初犯青少年在监禁的环境里，可接触更多、更老练的罪犯，学到或强化了新的犯罪行为。因此，提出新的干预计划，即监外干预，为犯罪青少年提供多种服务、教育、工作培训，避免重提犯罪史，可以减少屡犯率。

对违法犯罪青少年还可进行多种行为治疗，如认知治疗、家庭治疗、社会学习等。除了对个体患儿加强治疗外，还要重视精神环境的建设，只有创设家庭、学校和社会综合健康的环境，才能更有效根治青少年违法犯罪问题。

5. 自杀行为与干预

自杀行为近几年来有上升的趋势，其社会影响面广，成为一类敏感的社会问题。许多国家自杀已成为前十位死因之一，自杀者越来越年轻，在青少年死亡原因中，自杀已列入前三位。北京某区调查青少年自杀人数占总自杀人数的比例，1977 年为 41%，1980 年为 61%；青少年自杀动机的各比例是：学校问题 27.8%，异性关系 16.2%，精神病 13.2%，家庭问题 10.1%。男孩自杀多因学校问题而发生，女孩自杀多因两性问题而发生。

自杀行为是指有意识、自愿地直接结束自己生命的行为。它不包括故意自伤行为和吸毒酗酒这类自我毁灭的“慢性自杀”行为。故意自伤行为是指在外来胁迫和内心冲突、紧张状态下，故意伤害自己，如割腕、吞服过量药物，一般都自知不会造成致死后果，选择的时间地点都便于被人发现。

常将自杀分成三类：一是自杀意念，即有寻死愿望，但未采取行动，当事者有冲动性和很强的逆转性，可通过有针对性的恰当开导，使之放弃自杀念头；二是自杀未遂，即已采取行动，但未导致死亡，当事者临自杀时充满矛盾斗争，最后终因某种原因，使自杀活动成为一种仅让他人看得见的企图，而未能真正自绝，有人借这种方式来威胁他人，达到自己的特殊目的；三是自杀死亡，既有自杀的欲望和企图，也已自杀成功。其中分两种情况，一种是死亡的欲望战胜生的欲望，会毫不犹豫自杀死去；另一种是生死欲望激烈冲突，完全由于冲动去自杀，本来只想吓唬一下别人，但由于选择方式及自杀现场当时条件的局限，使之自杀致死。假如此时有旁人在场，这类自杀者完全可以幸免一死。前述分类只是反映了自杀意愿的强烈程度，不能绝对分割，有时存在交叉情况，如自杀意念甚强而自杀未遂，或自杀意念不强而自杀死亡。

自杀与个体的身心状态和社会因素紧密相关。自杀者的心理特点常常是充满敌意，缺乏主见，社会交往少，认识范围狭窄，行为冲动，情绪幼稚，孤僻内向或抑郁。多数自杀者存在早期的心理创伤，如母子依恋感情缺失，父母离异，遭受虐待等；学习生活中遭受巨大的挫折是儿童青少年自杀的一类重要原因，如学习负担太重，升学就业压力，家长与教师的过高期望或对孩子实施严厉的体罚均能成为可能的诱因；人际交往受挫或失恋、生活缺乏目标、感到无聊和失去生存的价值也会导致自杀；患有不治之症、精神疾病、伤残、吸毒的人容易发生自杀；另外，社会环境不良、经济动荡、影视媒介的影响和模仿等都是可能原因。对自杀行为存在着不同的理论解释，这些解释为自杀的干预提供了参考。

社会文化理论认为，自杀者结束生命是因为他对社会环境的失望所致。人是社会动物，是在一定的社会文化背景基础上成长发展起来的，人的价值只能在这种社会文化背景下才能实现；若外界社会文化背景没有人的容身之地，人的生命也就失去了价值，活着也就失去了意义。反之，如果能为社会文化的发展作出巨大贡献，失去生命也完全值得。根据这种理论，可将自杀分为三种类型：一是功利主义自杀，指一个人不能全心致力于社会，身处孤立寂寞之中发生的自杀；二是利他主义自杀，即全心致力于社会而牺牲自己的生命的自杀行为；三是社会反常性自杀，指个人对社会的反常状态和突然改变无法适应所致的自杀。社会文化理论解释的观点虽强调了自杀的社会文化原因，但忽视了人的生物学特性和心理特点。

精神分析理论学派弗洛伊德认为，人的生存与死亡由相应的本能所控制，两者相互作用，死的本能占优势，便发生自杀行为。人接受了一种挑衅刺激而又不能外泄时，死的本能就会接受这种刺激，驱使人自杀。如高考失败后感到无地自容，以死来求得解脱；蒙冤后无处伸诉，寻死以图清白。该理论认为自杀有三个基本原因，即谋杀（恨）欲、被杀（内疚）欲、宁死（无望无助）欲。这种学说反映了自杀行为的内在心理活动与过程，但“死的本能”不易确定，有待进一步研究。

感情交流理论认为，自杀也是人类感情交流和沟通信息的一种方式，当人面临某种绝境时，会以自己的生命为代价，来表达某种无法向别人发泄的极度愤怒，或是惩罚自己可耻的愿望。这一学说把自杀分为三类：一是理智型，自杀者经过周密比较、思考，按理性要求作出自杀选择，它具有感情交流的作用，从社会角度看有一定进步意义，如为了逃避他人致死攻击和侮辱时自杀；二是无理智型，由于冲动而自杀，用社会价值观来衡量是不值得的，如因同伴争吵而自杀；三是神经过敏型，在感受情绪活动和信息方面过于敏感而自杀，如听说地球要爆炸而先服毒自杀。感情交流学说反映了人的价值观念在自杀发生过程中的作用和意义，也部分反映了自杀者内在心理活动和个性心理品质，有一定科学价值。

自杀行为的预防与控制具有重要的社会意义，需要整个社会系统的共同努力。首先要加强人的个性心理品质和心理能力的训练。要通过教育、咨询，让人们学会运用正确的心理防御机制，缓解学习、工作、生活中的各种困境的压力，处理好各类冲突；要能经受挫折和失败，培养良好的个性心理品质、高尚的情操、坚忍不拔的意志和乐观向上的精神风貌。尤其是性格内向、抑郁寡欢、胆小怕事的人要加强训练。其次，要管理高危人群。发现高危人群是预防自杀的关键，也是难点，可以通过临床观察或量表评定结合进行。实际生活中，常常把下述情况作为自杀的高危因素：情绪低落抑郁患者，曾有过自杀企图和行为，议论或打听过自杀的方法，亲友中有自杀者，性格不开朗或易于冲动，遭受重大挫折，酗酒和吸毒者。对高危人群要特别监护，不要唤起他们自杀的欲望；可转移谈话目标或提供发泄愤怒的替代途径，如运动、竞赛等方式来控制自杀行为。再次，选用针对性的心理和行为治疗方法，如采用认知疗法或系统脱敏等。最后，可开展自杀预防咨询电话服务工作。社会上开展希望热线咨询电话服务活动，是一类自杀预防的好方法，它方便、迅速，为自杀者提供及时的心理支持，受益面广。电话咨询对咨询师的要求较高，要有高尚的职业道德，广博的专业知识，富有感染力的语言艺术和敏捷的思维能力。电话咨询的疗效评估是一个难题，有待进一步探讨。希望热线电话咨询近几年已在全国各地广泛开展，其收费办法有免费服务和对方付费等多种形式，自杀的预防工作如何走向市场还有很多问题需要深入研究，其管理制度和立法有待加强。

6. 成瘾行为与吸毒

成瘾行为不仅危害自身健康，也危害家庭和社会。成瘾行为是人们对精神应激的一种应对方式，是一种社会适应不良行为。传统上，成瘾行为是指个体出现强烈的、被迫地连续或周期地求得某种有害物质的行为，它不是出于医疗需要，其目的是取得或维持某种特殊的心理快感或避免停用时的痛苦，为此用量有逐渐增加的趋势。

导致成瘾的物质有毒品、烟酒和某些药物等，它们作用于人的中枢神经系统，影响精神活动，所以又称为精神活性物质。中国精神疾病分类方案中将药物依赖命名为“精神活性物质所致的精神障碍”，其诊断标准如下：

（1）有使用精神活性物质的证据，其用量和使用时间足以引起精神障碍；

（2）使用精神活性物质后，出现心理或生理症状，行为改变，如中毒、依赖综合征、戒断综合征、精神病性症状和情感障碍、智能障碍、遗忘综合征和人格改变等，且有理由推断精神障碍由精神活性物质所引起；

（3）社会功能下降。

依赖综合征诊断标准是：（1）有反复使用精神活性物质的历史；（2）

对精神活性物质有强烈的渴求和耐受性，至少有后述情况之二项：不能摆脱使用这种物质的欲望；寻觅这种物质的意志明显增强；为使用这种物质而经常放弃其他活动和爱好；明知这种物质有害仍继续使用，或为自己诡辩，想不用，但做不到或反复失败；使用时体验到快感；对这种物质耐受性增大；停用后出现戒断综合征。

戒断综合征诊断标准是：（1）有精神活性物质的依赖史；（2）在停用或少用这种物质后至少出现后述精神症状的三项：情绪改变，如焦虑、抑郁、烦躁、易激惹等；意识丧失；失眠；疲乏、倦睡；运动性兴奋或抑制；注意力不集中；记忆力减退；判断力减退；幻觉或错觉；妄想；人格改变。（3）伴有后述躯体症状或体征至少两项：恶心呕吐；肌肉或身上各处疼痛；瞳孔改变；流鼻涕、淌眼泪或打哈欠；腹痛、腹泻；燥热感或体温升高；严重不适；抽搐。

与药物依赖相关的概念还有“物质滥用”，是指非医疗用途的使用某种精神活性物质，明知它会引起身心损害，仍不能停用或少用；使用该物质造成人的社会和职业功能损害；症状至少持续一个月，往往采用自身给药的形式。可见物质滥用和药物依赖有所区别，常常是药物滥用后引起药物依赖。

药物滥用的病理心理机制一直是人们关心的话题，多数观点认为，药物滥用与药物本身性质和作用有关，任何人都可以习得这一行为，并导致药物的依赖性，人的不良心理状态和人格因素与药物滥用相互影响，造成互为因果的恶性循环。

药物造成的身心依赖和断药后的戒断反应不仅说明药物本身性质和作用对人的影响，也反映心理社会因素的作用。有人调查初始吸毒者的心理动因，发现患者易接受暗示、顺从、模仿和具有很强的逆反心理，从好奇开始，并以此来反抗家庭和社会；不良的社会文化、传统习俗和观念也会成为青少年吸毒的动因，如烟和酒这些“合法毒品”在青少年中一直很有市场，人数不断增多。有人认为，初始吸毒是一种“心理一社会传播”过程，是成瘾生涯中的“蜜月期”，吸毒的根本动因是社会传播问题。人存在心理冲突后会“借酒浇愁”，或发现毒品这个“新大陆”，一吸而不可收。人的不良人格如反社会人格障碍、过度敏感、性格脆弱等均是吸毒的潜在根源，有人还提出“酗酒者人格”和“吸毒者人格”这样的术语来描述患者的人格特征。

药物滥用是现代社会中影响人类健康的最危险因素之一。据世界卫生组织估计，全世界吸毒人数达 4800 万，另有几亿人变相吸毒，滥用药物；80 年代吸毒直接造成 10 万人死亡；每年因烟草造成尼古丁中毒而死亡的人数达 250 万；酒精被认为是“世界上最具破坏性的药物”。药物滥用对机体有直接毒性作用，造成个体急性和慢性中毒，导致多种躯体疾病、性病和遗传疾病，严重摧残青少年身心，使他们心理变态，人格扭曲，违法犯罪行为增多，影响了家庭、社会的安定和繁荣，成为全球性的瘟疫。吸毒的危害是多方面的，不仅危害自身健康，也危害下一代。吸毒成瘾导致性格异常，自我概念削弱，自控能力降低，社会焦虑感增强，人际关系处理不当，易发生攻击行为、流氓行为和性犯罪活动；为了购买毒品，常常倾家荡产，沦为盗窃、诈骗、赌博分子；吸毒成瘾还会导致身体素质下降，直至衰竭死亡；吸毒还会败坏社会风气，破坏社会伦理道德和秩序，危及全社会健康和安全。

一旦染上吸毒，较难控制。由于毒品的性质和作用，任何人都可能习得这一行为，并产生依赖性，因此要强调预防。目前初始吸毒的年龄越来越低，儿童青少年是高危人群，他们生性好奇，容易接受不良的暗示，顺从坏人的引诱，相互模仿，对政府的禁令和家长的劝说有逆反心理，吸上一二次后不能自拔而上瘾。要加强学校、家庭和全社会的禁毒教育，通过立法禁止毒品的生产、销售和滥用，搞好药品的规范化管理。对已成瘾者，要采取坚决的戒毒措施，施行住院治疗和行为矫治。根据药理学特性，可以把成瘾药物分为四类：中枢神经抑制剂有酒类、阿片类（吗啡、可卡因）、巴比妥等镇静催眠药；中枢神经兴奋药有苯丙胺、可卡因、烟草（尼古丁）、含咖啡因饮料；致幻剂有大麻、LSD；挥发性溶剂有丙酮等。常见的毒品有以下几种：

（1）阿片类：阿片（鸦片）是从罂粟的未成熟果荚划痕处流出的乳白色渗出物干燥制成的，含多种生物碱，主要成分是吗啡，其衍生物有海洛因、可卡因。人工合成的吗啡样镇痛物质包括杜冷丁、美沙酮等。阿片是历史最为悠久的麻醉性镇痛药，原产于印度、波斯、土耳奇等地，最早使用阿片的是小亚细亚西部山区新石器时代的原始人，公元前4000年，阿片被称为“欢乐的植物”，古希腊医生希波克拉底就开始用阿片治病，古罗马医学家盖伦用阿片治疗癫痫、蛇咬伤和抑郁症。15世纪，阿片制剂产生，18世纪，出现复方樟脑酊。1803年，德国化学家瑟特纳斯从阿片中提取了一类生物碱，称吗啡，在希腊语中有“睡梦之神”的意思，从此开创了使用这类药物的现代史。19世纪50年后，皮下注射器的发明和吗啡在美国南北战争中的使用促成了吗啡滥用的流行。1874年，莱特发现海洛因，由吗啡乙酰化而成，药效是吗啡的4～8倍；1893年，英国正式开始海洛因的商品生产，将海洛因用于镇痛和治疗吗啡成瘾，但不久发现，海洛因的成瘾性和耐受性发展更快，副作用更大。海洛因易于生产，便于携带和走私，已成为滥用最广、毒性最强、危害最大的违禁麻醉品之一。

阿片可导致人的急、慢性中毒，对神经、呼吸、心血管、胃肠道等人体组织器官都有显著的毒理作用。如抑制呼吸中枢，收缩支气管平滑肌，使吸食者产生强烈的身心依赖，对药物的耐受性连续用药6～7天后就可出现，以至需要不断加大剂量来达到从前的感受，甚至超过致死量。对心理的损害显而易见，吸食者逃避现实、寻求刺激，为避免戒断症状不断吸食和加量，由此形成恶性循环。阿片抑制中枢神经系统活动，使人嗜睡，大脑麻木，产生一种解脱感和瞬时的虚幻觉，使吸食者暂时逃避现实生活，解除烦恼和忧虑，如注射海洛因后数秒钟就可出现“飘飘欲仙”感，似乎有一种暖流通过全身，并导致一种朦胧恍惚的松弛感和满足感，此种状态只能持续2～4小时。吗啡效应中所产生初始的兴奋冲动和继之而来的麻醉高潮，是造成精神依赖的根本动因。另外，避免戒断症状带来的痛苦，是吸毒行为保持和戒毒者再次吸毒的重要原因。戒断症状在停止或减少用药后数小时发生，开始表现为乏力，频繁打哈欠，大量流涕、流涎、流泪，继之出汗、颤抖、瞳孔扩大、浑身发冷、皮肤起鸡皮疙瘩、汗毛竖起，接着胃肠痉挛，剧烈呕吐、腹痛、腹泻，36小

时后戒断症状加重，全身寒冷颤抖，极度虚弱，发热，脱水。此时只要再次吸食阿片毒品，所有反应和痛苦立刻烟消云散，这正是吸食者戒毒屡屡失败的原因。可见毒品一旦尝试，就易上瘾，一旦上瘾，就难戒掉，控制吸毒应重在教育和预防。

(2) 大麻：大麻属一年生草本植物，原产于亚洲中部，印度大麻中可提取大量缓和的致幻剂，吸食后使人产生特殊的幻觉。古代大麻作为一种镇静、镇痛药在民间应用，我国公元前 2700 年的本草中有大麻用于治疗痛风、风湿痛、便秘、精神恍惚、手术止痛的记载。最早将大麻用作毒品的可能是南美的印第安巫师，每逢部落祭神前，巫师让信徒饮大麻酒，经过暗示，使人产生幻觉，以此愚弄群众，骗取财物。大麻在欧洲和北美的发展历史只有几百年，把它视为毒品列入管制范围只有几十年。大麻虽是人类应用最古老、最广泛的药物，但现代医学研究表明，大麻并不具有实际的临床应用价值，相反，它不但损害人的身心健康，也带来严重的社会问题。

大麻中最主要的精神活性物质是 THC，对中枢神经系统呈抑制和兴奋双向效应，能镇痛、抗惊厥。目前已发现人脑中存在大麻受体，它有助于弄清人体自身的“消愁机制”和人类快乐的生化机制。大麻吸食者常常伴有程度不同的心理变态，出现急性和慢性症状。急性精神症状分为四期：一是兴奋陶醉期，吸食大麻后产生欣快感、松弛感、滑稽感和梦境状态；二是发展期，感觉过敏，对外界事物和刺激通过自身想象而扩大；三是深度幻觉期，通过想象进入虚无缥缈的境界，出现思维障碍，身体陷入无能为力状态；四是沉睡期，经过数小时颠倒迷离，进入沉睡，醒后仍疲劳，吐词不清或麻痹样痴呆。长期吸食大麻者可引起脑的退行性病变，损害肝肾功能、免疫和生殖系统，更会造成精神行为异常，表现为“无动机综合征”和“去人格化”，冷漠、呆滞、懒散，对个人仪表、卫生和饮食失去兴趣，人格改变，失去工作、生活和学习能力，常常出现攻击或违法犯罪行为。大麻被认为是引向它药之路的“踏板”，青少年吸毒的发展规律是，开始吸烟酗酒，逐渐发展到吸大麻，然后是滥用 LSD，最后是滥用海洛因、可卡因、PCP 等。吸食大麻是毒品滥用的开始，由于大麻的成瘾性和社会危害性，要强调早期预防。

（3）镇静催眠药：镇静催眠药属中枢神经系统抑制剂，小剂量镇静，中等剂量催眠，大剂量可对抗惊厥和产生麻醉作用，过量会麻痹丘脑，造成呼吸循环衰竭致死。镇静催眠药滥用问题的严重程度已超过阿片类，滥用者的数量仅次于酒精滥用，人们对镇静催眠药滥用这一变相吸毒行为没有深刻认识，许多人过量、长期和习惯性使用此类药物，出现耐受性和依赖性，突然停药后造成焦虑、失眠加重、肌肉颤动、抽搐等戒断症状，继而更加大剂量，用药成瘾。如一位女大学生为克服失眠，自行服用安定数年，逐日增加剂量，直至每日需服 30 片安定才能入眠。滥用者为了避免停药后的身心不适，通过各种手段获取药物，结果除了急、慢性中毒外，精神异常或人格变态甚至自杀，使个人和家庭受到伤害。

镇静催眠药种类很多，巴比妥类药有鲁米那、速可眠、硫喷妥纳等，这类药如和酒精同时饮用，会使人迅速中毒致死，由于它的毒性和依赖性大，逐渐被苯二氮卓类药取代，后者有利眠宁、安定等，它们成为临床上使用最多的镇静催眠药物。这类药物副作用在一般治疗量时仅为头晕、困倦、乏力，大剂量可致共济失调、意识和精神障碍，偶见昏迷和呼吸抑制。它们也容易产生耐受性和依赖性，而且与酒精和巴比妥类有交叉耐受性，如一位酗酒者需要更大剂量才能达到治疗效果，因此更易造成用药过量中毒。要提高公众对镇静催眠药物副作用的认识，预防这类药物的滥用和依赖。

(4) 摇头丸：摇头丸是我国近年来流行的一种毒品，它属于苯丙胺一类中枢兴奋剂，是甲基安非他明（俗称冰毒）的衍生物，英文缩写为MAD，它在西方已流行多年，20世纪80年代初进入美国，中期进入英国，90年代初传入亚洲，我国广州、上海和深圳等地近年来查获较多。摇头丸服用后15分钟表现出兴奋症状，精神紧张，心跳加快，出汗，眩晕，瞳孔散大，坐立不安，情绪激动，言语不住，不知疲劳，听到音乐会不由自主地摇头和摆动身体，有的出现幻觉、行为失控和无法抑制的性冲动。药物作用时间可持续8小时以上。根据用药者的表现，摇头丸还有多种别称，如快乐丸、忘我、甩头丸、劲乐丸、狂喜、亚当、疯药、的士高饼干等，药物多为片剂，根据药品的颜色和图案，贩毒者又将其称为篮精灵、蝴蝶、鸽子、小鸟、鳄鱼、恐龙、白天使和M药片等。这些众多的别称使药片的包装更加诡秘，难以查获。服用摇头丸显然是现代社会吸毒者吸毒的一种新形式，它的危害并不亚于吸食鸦片和大麻，应该加强社会宣传教育，帮助人们识别这类毒品的面孔和危害。要从根本上控制摇头丸的流行，尚需世界各国政府和公众的共同努力。

7. 吸烟与酗酒

青少年吸烟是一类重要的成瘾行为和健康危险行为。人类吸烟已有400多年的历史，烟草原产于南美洲，当地印第安人把吸烟作为一种宗教仪式和祛病的良药。1492年，哥伦布探险队把烟草种子从美洲带到西班牙，后传入欧洲和世界各地。据记载，烟草约在16世纪末从福建、广东沿海地带传入我国。目前全世界有100多个国家种植烟草，烟草的销售遍及170多个国家和地区，全世界有12亿人吸烟，每天吸百亿支烟。我国有3亿烟民，居世界之首，占全世界吸烟总数的1/4，男性吸烟率为61%，女性为7%，青少年和女性吸烟者不断增加，国人对烟草危害的认识十分匮乏，烟草广告和影视人物的吸烟形象随处可见，吸烟和反吸烟的媒体宣传和斗争绵延不断。据报导，60年代以来，发达国家大力开展戒烟运动，吸烟率以每年1%的速度下降。烟草商为了挽回经济损失，把烟草倾销给发展中国家，使这些地区的吸烟率以每年2%的速度上升。吸烟已被称为“20世纪的瘟疫”，全世界每年有200万人加入吸烟行列，每年有270万人死于烟草引起的疾病。

吸烟的中毒症状不像吸毒那样立即表现出来，而是若干年后通过疾病的形式表现出来。烟草中的有害物质有一氧化碳、烟焦油和尼古丁，尼古丁是主要的成瘾物质。空气中的大量尼古丁能迅速进入脑内，并在脑内蓄积，对中枢神经系统有先兴奋后抑制的作用，兴奋时出现震颤和痉挛，呼吸加快，血压升高，心率加快，胃肠蠕动增加，最后很快转为抑制。一般认为，尼古丁还不能形成躯体依赖，主要表现是精神依赖，自觉效果与可卡因相似，依赖强度比酒精弱。戒烟时出现焦虑、兴奋、打哈欠或全身不适症状。

吸烟成瘾的原因之一是生物因素，除了尼古丁引起欢快感外，遗传因素也影响着人的吸烟行为，如单卵双生同吸烟率为74%，异卵双生同吸烟率只有50%。性格也有影响，研究发现，外向性格成为吸烟者的可能性为内向性格的2.5倍。我国儿童青少年吸烟的人数不断增加，主要是心理社会因素的作用，一方面是对吸烟的认知不良，另一方面是社会环境文化的影响。吸烟者常常错误地认为，香烟是“社会润滑剂，可使社交更易成功，社会生活更为方便”；吸烟“有派头、潇洒，为别人点烟是友好的举动，女性吸烟更有魅力”；吸烟可“调节情绪，改善思维，提高学习效率”。事实上这些所谓的“好处”只在吸烟成瘾的人身上才表现出来，对广大青少年来说吸烟是有百害而无一利。对中学生的吸烟动机调查表明，“交朋友需要、消遣、应付礼节、享受、仿效他人”是主要的原因，另外，吸烟与学生的零用钱、对吸烟危害的认识、父母及家庭成员吸烟等因素相关。影视人物的示范作用也不容忽视，如主角思考问题时点烟，生活受挫时借烟消愁，这些生活方式对青少年有潜移默化的影响。吸烟行为还会整合进日常生活习惯中，如养成“饭后一支烟”的习惯。吸烟还和社会因素相关，我国香烟产量已居世界第一位，发达国家不断向我国倾销烟草，调查表明，我国15岁以上男性吸烟者达61.01%，男教师和医生吸烟率均超过50%，这些众多的“榜样”是导致表少年吸烟行为增多的重要原因。成年吸烟者有3/4是在青少年时期开始的。

吸烟给人类造成的危害和人类为吸烟付出的代价不可估量。吸烟耗费国家和个人的大量资金，对本人、他人和社会健康带来巨大危害；吸烟与几十种疾病密切相关，如肺癌、冠心病、高血压、弱智、骨质疏松、维生素缺乏等；随着人们对吸烟社会价值观的改变，吸烟只会成为人际交往的障碍而不是“社会润滑剂”；吸烟与儿童少年的品行问题直接相关。研究表明，被动吸烟的危害比主动吸烟更大，因被动吸烟者往往对香烟中的有害成分更为敏感，导致儿童的呼吸系统疾病增加，视觉和嗅觉器官发育障碍。据预测，如不加强控制吸烟，全国现有4亿儿童青少年中约有2亿可能染上吸烟恶习，其中将有5000万人最终死于吸烟引起的各种疾病。

控制吸烟是关系到中华民族强盛的大事，尤其是青少年吸烟预防是一项艰巨的任务，为了防止他们染上吸烟的恶习，需要从家庭和学校开始，进行系统的健康教育，家长和教师带头不吸烟，各级学校严格执行禁止吸烟的行为准则，影视报刊减少正面人物吸烟的镜头，让青少年转变对吸烟的错误认识，自觉抵制吸烟。要建立禁烟的法规，加强全社会控制吸烟的法制化管理，对学校、影院、医院、车船码头等公共场所禁止吸烟，对香烟的包装、质量制定一系列的标准与规定。我国已有4个省、70多个城市颁布了在公共场所禁止吸烟的法规，全国已有千余所学校宣布为无烟学校，许多地区的中小学开展了禁烟活动，如北京市百所中小学开展“无吸烟学校健康促进活动”，要求全部学生掌握控烟知识，做到在任何地点不吸烟，领导及校职员工做到不在校内吸烟，来校办事、开会的各类人员也不得在校内吸烟。对吸烟者除教育外，可采取行为治疗和认知治疗，如对他们反复强调吸烟的危害，观看因吸烟导致肺癌的实物标本，配合电针和催吐药物等厌恶刺激，并使吸烟者脱离容易吸烟、相互影响的生活环境。

酗酒也会成瘾。由于酗酒者众多，人们在观念上还难以接受它是一种吸毒行为。酒精对人脑组织的亲合力大，依次抑制大脑皮层，脊髓、延脑，导致神经、精神症状，提高痛阈。酒精虽具有镇静催眠作用，但不能作为镇静催眠药使用。酗酒会造成机体各系统的功能失调，发生急性和慢性酒精中毒，对人类健康的危害显而易见。我国精神疾病分类方案中已将酒精中毒列入“精神活性物质所致精神障碍”一类。

酒精中毒是指由于过量饮酒造成的一种神经、精神障碍。慢性酒精中毒称为酒依赖或酒瘾，是一种非要饮酒不可的强迫心理状态，可以连续或周期性出现。1977 年，世界卫生组织建议用酒精依赖综合征代替酒依赖，认为酒精中毒者的主要表现是对饮酒的失控，对酒精渴求，存在戒断症状，对社会和家庭不负责任，生理、心理和行为发生改变。长期

饮酒者中止饮酒后出现身体不适和戒断症状，导致两种结果：对个人，即使身体受损，也不能停止或减少饮酒；对社会，即使面临家庭解体或失去工作，仍不能节制饮酒。因此，酗酒者常常陷入难以自拔的境地，对个人和社会造成危害。

酒精中毒患者以酒精依赖为特征，以神经、精神障碍为主，伴有机体其他脏器损害。有人描述了酒精依赖综合征的六项特征：一是饮酒的强迫感，一经开始，自己不能停饮；二是有固定的饮酒模式，间隔一定时间后必须饮酒；三是饮酒的重要性高于事业、健康和家庭；四是对酒精的耐受性增加，误以为自己行；五是戒断症状反复出现，一经饮酒，症状立即消失；六是晨饮，这对诊断酒依赖有重要意义。长期慢性酒精中毒者在突然中断饮酒或急骤减少酒量后，会出现酒精戒断综合征，轻微的反应在饮酒后 4 小时出现，如震颤、兴奋、失眠、出汗、厌食等，有的在停酒后的 12 小时内出现癫痫样发作，严重的戒断反应是在断酒 48～72 小时出现震颤性谵妄，持续数天出现幻觉、精神错乱、惊厥和定向力障碍。

酒精中毒的临床表现可分为单纯醉酒、病理性醉酒、复杂性醉酒等数类，还会导致精神障碍，重者出现幻觉和妄想、震颤谵妄、人格衰退和痴呆等。单纯醉酒又称普通醉酒状态，是指一次过量饮酒后出现的急性中毒状态，主要表现有：意识清晰度下降，意识范围狭窄，嗜睡或昏睡；情绪兴奋，言语动作增多；或情绪抑郁、少语；还可出现吐词不清、共济失调、步态不稳、眼球震颤或面部潮红等。单纯醉酒者一般可自然恢复，无后遗症。病理性醉酒是指少量饮酒后突然出现意识障碍、极度兴奋，出现攻击行为或被害妄想。一般发作持续数小时或一天，以深睡结束，醒后不能回忆。过度疲劳、高烧、患有癫痫、颅脑外伤者易发生病理性醉酒。酗酒的危害因饮酒量不同而表现多样，除了急、慢性酒精中毒外，还可导致自杀和意外事故增加，导致肝硬化、脑损伤、智力减退、心血管病和死亡率上升，酒精还可通过胎盘导致胎儿畸形。

酗酒是一种成瘾行为，是导致违法犯罪的因素之一。酒醉后，酒精破坏人的神经机能和心理活动，使兴奋抑制过程发生紊乱，意识模糊，意志失调，不能自主，对各种外界刺激失去正常反应，变得冲动、易怒、粗暴、不能自制，还会使人放弃责任感、道德感与法制观念，发展不良的帮派交往和酒肉朋友，导致违法犯罪。目前我国青少年饮酒人数有上升的趋势，据调查，我国酒民1.3亿，“小酒民”与日俱增；有报导，60%的小学生喝过酒，超过30%的中学生会喝酒，其中女学生占一定比例，96%的中学生一年内因参加宴席喝过酒，可见酒对青少年的影响不容忽视。

为什么会酗酒成瘾？可从生物、心理和社会三方面因素来分析。在生物因素上，酒精是致瘾源，酗酒者有很强的酒精代谢酶系统，酗酒有遗传倾向，同卵双生酗酒高于一般人群，父母一方酗酒，子女酗酒的比例高，嗜酒者子女的酒精中毒发生率高出对照组的4～5倍，家族倾向的酒精中毒者发生年龄较早，多在20岁左右，中毒严重，需要治疗。

在心理因素上，饮酒者常常是为了解除苦闷、紧张、焦虑和抑郁等不良情绪而开始饮酒，酒精很快使人感觉不到紧张和恐惧。饮酒行为是重要的“社会润滑剂”，可增加个人的勇气与行为能力。社会适应不良的人会给自己开酒精处方。有人认为，酒精滥用和抑郁症是互为因果的恶性循环关系，滥用酒精是一种持续发展的精神病，酒精中毒是性格缺陷或环境适应不良的结果。嗜酒人格特征有：被动、依赖、自我中心、反社会行为、易生闷气、缺乏自尊、对人疏远等。青少年嗜酒的心理原因还有模仿、从众、抗拒父母、表现独立性等，用过量饮酒来毁灭自己，惩罚父母，或表达自己长大成人的愿望。

在社会因素上，不同的时代、地区、民俗和社会文化影响到人们的饮酒行为。饮酒成瘾有重要的社会文化和宗教根源，它是一个古老而又严重的世界性问题，古代人饮酒，除了药用或宗教活动外，主要是娱乐和消遣；中世纪阿拉伯人将酒精蒸馏法传入欧洲，酒精被欧洲人认为是长生不老药，是治疗百病的万灵丹，称之“威士忌”，意为“生命之泉”，借饮酒消遣作乐，在酒店进行社交娱乐活动。现代社会饮酒已成为人们日常生活的一部分，节日喜庆、孩子升学、婚嫁宴请、商务洽谈都免不了饮酒，在这样的社会环境中，饮酒行为不断强化，酒精的流行越来越少年龄和性别界限，在社会病理和个体精神病理的影响下，饮酒者极易发展成为酒滥用和酒依赖。尽管社会经济水平与酒的消费水平呈正比，但调查表明，酗酒现象仍多发生在贫民区，发生在社会低层中受失业困扰的社会经济集团和种族集团，发生在传统家庭纽带和价值标准遭到破坏或处于急剧变化的文化集团，发生在社会高度紧张所造成的身心障碍患者身上。

总之，酒瘾是多种因素相互作用的结果，酗酒的防治是棘手的工作，必须采取综合措施。对急性中毒者要对症处理，服某些抗酒药物或镇静剂；对酒瘾者采用心理行为治疗，如厌恶疗法、替代疗法和环境疗法等，要进行有效的家庭、学校和社区健康教育，并在全社会建立可行的饮酒法规。要从根本上消除酒瘾现象，单凭生物手段难以奏效，必须从社会、经济、心理、医学等多种途径入手，这将是一项极其艰巨的系统工程，人类还有长期的路要走。

8. 赌博之风不可长

赌博也会成瘾。赌博作为一种社会现象，是指冒输赢钱财之险，有意识地进行某种部分或全部由机会决定结局的游戏或类似游戏活动。现代社会中，赌博行为已全面渗透到各种文化群体、各种社会阶层之中。尽管赌博在我国为非法，但由于禁赌不力，近几年地下赌博活动死灰复燃，赌博走进千家万户，赌博形式除了麻将、扑克牌、棋类、斗鸡外，还有电子游戏机和各种带有赌博性质的彩票、奖券和炒股活动充斥着市场和街头巷尾。赌徒并非都是游手好闲之辈，各种年龄、各种社会阶层的人都有，青少年、下岗职工、干部、个体户、教师，赌博导致的自杀、跳楼、他杀、家庭崩解、企业倒闭时有报导，它已成为一个严重的社会问题。

赌博的分类尚不确定，其中有一种赌博称为病理性赌博或强迫性赌博，即非赌不可，干扰日常生活学习，严重损害社会功能，被认为是一种需要治疗的精神障碍。赌博成瘾者如果试图戒赌，会出现焦虑、失眠等戒断症状，一旦开赌，症状立即消除。

赌博的动机多半是为了寻求刺激、好奇、受他人引诱、逃避现实、娱乐、竞争和发财。行为学派认为，赌博是一种习得性行为，对赌博活动耳濡目染，赌博活动盈利的间歇强化，使患者沉溺于赌博，不易戒除。精神分析学派认为赌博是攻击本能的一种无意识的取代形式，是罪恶感寻求自我惩罚的方式，是强迫性手淫愿望的转换。赌博也和社会因素相关，赌博与违法犯罪互为因果，赌博受社会和家庭经济条件的影响。赌徒会面临较多的升学、就业、婚姻、家庭问题，虐待他人、将妻子押作赌注的事例常有发生。青少年赌徒的家庭环境不良，父母多有分居、离异史，教育态度矛盾，教育方式粗暴，或父母也是赌博者和酒瘾者。病理性赌博者通常在青春早期开始赌博，受教育程度低，从小对学业不感兴趣，与父母关系不融洽，其心理特征是智力好，傲慢，过于自信，极其乐观好动，缺乏耐心，富有竞争心，喜欢追逐钱财。

目前赌博之风愈演愈烈，赌徒年龄越来越小，赌博范围遍及城乡。其主要原因有禁赌法制执行不力，精神文明建设削弱，赌博行为同娱乐行为互为一体，地下赌博猖獗，市场经济活动中的彩票、奖券等“合法”赌博活动的示范等，这些因素均增加了赌博控制的难度。因此，赌博行为的控制要采取社会、学校和家庭的综合措施，加强法制建设，开展禁赌教育，成人为孩子树立好的榜样。对社会上的游戏机房要严加管制，未成年人不得入内。对病理性赌博者采用行为疗法中的厌恶疗法和系统脱敏技术，并要持之以恒。

九、青少年心身失调

1. 心身平衡与失调

心理和身体是统一的整体，二者联系平衡，才能称得上是健康状态，心身联系失调，就失去了健康。心理与身体的联系古代文献中就有专门的记载，如《内经》就提出怒伤肝、喜伤心、忧伤肺、思伤脾、恐伤肾之说，明确提出心理因素能导致躯体疾病的产生。传统上认为，心身障碍是指一组与心理和社会因素密切相关，但以躯体症状表现为主的疾病。近几十年来，心身障碍的命名发生了很大变化，有的将它改称为“影响生理状态的心理因素”，即强调病因中的多种心理因素的作用。这些术语的改变反映了脑一体联系上存在的长期争论和人类对健康与疾病观念的变化，人们越来越关注生理状态中的心理因素，关注生理状态的心理发展结果，关注生理状态的心理治疗以及在疾病预防和健康促进工作中的心理变量的作用。当今的心身障碍研究不仅包括心身疾病，还包括躯体患病和残疾后的负性心理影响。

心理因素如何导致躯体变化？其作用机制是什么？一直是人们关注的重点问题。研究表明，心理因素可通过情绪活动作为媒介，来影响躯体内脏器官功能。在实际生活中可以看到，积极的情绪对人体生命活动有着良好的促进作用，可以提高脑力和体力活动的强度和效率，使人保持健康；相反，消极的情绪过度或持续太久，会导致神经活动机能失调，造成某些器官和系统疾病。有人用实验表明，胃是表现情绪的器官之一，焦虑、忧郁、愤怒等情绪可以使胃的消化功能受到抑制。性格与心身疾病有某种联系，如A型性格者富有闯劲，雄心勃勃，竞争意识强，爱显示才能，比较急躁，难以克制，检查发现这些人胆固醇、甘油三脂、去甲肾上腺素和促肾上腺皮质激素增多，患冠心病机率很高。而B型性格的人则无此特点。研究还发现，消化性溃疡患者性格上被动，好依赖，顺从，不爱与人交往，缺乏创造性；类风湿样关节炎者表现出宁静、敏感、情感不外露、刻板、追求十全十美和洁癖等特点；癌症患者总是克制自己的情感，不善于发泄，长期处于孤独、矛盾、忧郁和失望的情境中。生活事件也与心身疾病相关，生活事件作为一类社会因素，常常通过心理因素作为中介来对人的躯体发生影响。美国学者 Holmes 于 1967 年编制了社会重新适应量表，让受试者自评生活变化单位，以反映心理应激强度，如果生活变化单位超过 300，则有 70%的可能性在来年患病。我国学者杨德森等人也编制了中国人的“生活事件量表”，发现负性事件的分值越高，对心身健康的影响越大。青少年比较常见的负性生活事件是考试失败、学习问题、升学压力、人际交往不良和早恋问题等等。个体对疾病的易感性不同，因为个体间的生理特点和遗传素质不同，在一定的社会心理因素的刺激下，表现各异，只有那些易感性较高的人才容易患病。当然个体的易感性又与人的个性特征以及行为反应方式和习惯相关。

心身疾病的分类有多种方法，一般习惯从机体各系统和临床各科来分类，以便及时诊治。总的说，多数临床疾病与心理因素相关，尤其是下述疾病，均可在心理应激条件下起病，不良情绪影响下恶化，使用心理治疗将有助于病情好转或康复。

皮肤：神经性皮炎，瘙痒症，牛皮癣，慢性荨麻疹，湿疹等；

骨骼肌肉：肌肉酸疼，腰背痛，书写痉挛；

呼吸：支气管哮喘，神经性咳嗽，过度换气综合征；

心血管：心跳过速，心律不齐，冠心病，高血压，低血压，偏头痛；

消化：胃或十二指肠溃疡，神经性厌食、呕吐，溃疡性结肠炎，幽门痉挛；

泌尿生殖：尿频，月经紊乱，经前期紧张症，功能性出血，性功能障碍；

内分泌：甲状腺机能亢进，糖尿病；

神经系统：睡眠障碍，紧张性头痛，植物神经功能失调；

耳鼻喉：咽部异物感，美尼尔氏综台征；

眼：弱视，眼睑痉挛，原发性青光眼；

口腔：口腔痉挛，咀嚼肌痉挛；

其他：肥胖症，癌症。

2. 心理应激评估与干预

心理应激的评估包括很多方面，可对应激源的内容、强度或性质进行评估，也可评估人对应激的看法、信念和反应方式。以下介绍一种简单的应激自我测验。这是一种简易的自评方法，使评定者了解自己的应激水平，以便及时采取应对措施，得分越高，说明应激水平越高，需要及时进行调节（参见表 9-1）。本法在具体使用时，尚须建立不同年龄的常模。

表 9-1 应激自测题

指导语：对下列问题回答是或否，“是”记 1 分，“否”记 0 分。

	是	否
1. 不在乎自我测验	□	□
2. 常喝大量咖啡	□	□
3. 不服用维生素	□	□
4. 口味重，吃得咸	□	□
5. 有时忘了吃饭	□	□
6. 事事必须亲自过问	□	□
7. 不理别人建议	□	□
8. 常发脾气	□	□
9. 追求不现实的目标	□	□
10. 缺乏生活计划	□	□

11. 不安排时间锻炼身体 □ □
12. 很少笑 □ □
13. 行为粗鲁 □ □
14. 不了解自身价值 □ □
15. 忽视躯体体征 □ □
16. 拒绝承认现实 □ □
17. 不注意测查自己应激承受力 □ □
18. 把很多事看得很重 □ □
19. 不相信反省 □ □
20. 支使别人为自己办事 □ □
21. 对作出决定感到困难 □ □
22. 不了解自己的优势和不足 □ □
23. 缺乏集体观念 □ □
24. 尽量避免与自己意见不同的人交往 □ □
25. 回避危机 □ □
26. 把什么事情都藏在心里 □ □
27. 缺乏想象力 □ □
28. 没有参加同伴小组活动 □ □
29. 不进行体育锻炼 □ □
30. 缺乏人际交往技巧 □ □
31. 不会因应激症状而求医 □ □
32. 认为自我催眠很无聊 □ □
33. 感到失控，身不由己 □ □
34. 未能对意外事故作点准备 □ □
35. 极少休息 □ □
36. 记不清上次紧张是怎么缓解的 □ □
37. 在预料的应激前后未设法缓冲 □ □
38. 在等别人时常常发脾气 □ □
39. 觉得任何人都可以替代 □ □
40. 办事拖拉 □ □
41. 掩饰自己的不足 □ □
42. 花很多时间为往事懊悔 □ □

43. 信奉宗教	□	□
44. 总觉得自己准备不足	□	□
45. 不注意衣着	□	□
46. 没有安排好放松的时间	□	□
47. 办事刻板，认为只有一条路	□	□
48. 从不放任自己	□	□
49. 对事事都点头答应	□	□
50. 爱传闲话	□	□
51. 终日忙碌	□	□
52. 不避喧闹环境	□	□
53. 讨厌生活常规	□	□
54. 不善交际	□	□
55. 常常受惊害怕	□	□
56. 对生活环境的安排满不在乎	□	□
57. 生活中不喜欢尝试	□	□
58. 不主动约见朋友	□	□

（据 Slaby，沈康译，有修改）

对心身障碍进行干预，最重要的是消除不良的心理刺激，而这有赖于家庭、学校和社会的共同努力。除此外，个体对心理刺激的积极应对也是干预措施的重要组成部分。它包括以下几方面。

首先，要对心理刺激正确认知与评估。心理刺激是否致病，取决于人的认知系统。一般讲，机体对外来各种刺激，首先是对其性质进行辨认，同时对它与机体的关系进行评估，划分有利的、有害的和无关的刺激，据此再作出适当的情绪反应和行为反应。人对有利的刺激出现良好情绪和趋向行为，而对有害刺激出现不良情绪和回避行为。对刺激的认知和评估受人的个性的影响，因此，要从小培养良好的个性，建立合理的信念，正确看待学习生活中的各种挫折，对环境刺激作出适时反应。

其次，要消除紧张状态。不良的刺激会导致人产生暂时或持续的紧张状态，如使人的意识觉醒程度增高，注意力不集中，思维杂乱，轻率而冲动，易激惹争吵，出现一系列植物神经功能紊乱的症状。要消除紧张状态，就必须探讨它的原因。人在面临严重威胁和生命安全、或有损个人利益的情境时会出现紧张状态，如学习工作挫败、受到惩罚或诬陷、意外事故与外伤、亲人去世或离异等情景均会导致人的紧张不安。当人的心理需要、动机和行为发生矛盾冲突，身心需要不能满足，动机冲突不能解决，行为就会紊乱，紧张状态就会持续。个性不良也会使人无故担忧，自寻烦恼，使紧张难以消除。因此，只有及时消除这些原因，紧张状态才可能缓解。

最后，要积极地心理应对。心理应对是指调整自身的价值系统，改变对挫折的认知和情绪反应，减少心理痛苦，维护自尊心，求得内心的平衡。心理应对在生活中是一种普遍的现象，它的意义分为积极的和消极的两方面，积极的应对可暂时消除心理紧张状态，减少不良心理因素对躯体的影响。应当加强心理训练，学会积极的心理应对方法，克服消极的应对方式，促进身心健康。积极的心理应对有很多种，一是改变进取目标，充实生活内容。在遭受挫败后，及时修订或改变进取的目标，按自己的兴趣、爱好以及能力选择生活的内容和重心。比如，大学没有

考上，可以通过自考或在职学习等多种途径来重新调整自己，发展多方面兴趣，使自己的才干充分展示出来，参加社会文体活动，潜心书法或集邮，即充分运用心理学上的补偿、升华等防御机制。二是重视自己的优点，增强自信心。用自己的长处比他们的短处，可以恢复自尊心和自信心，这对那些社会性退缩、自我评价过低的人尤为重要。三是有意忽视挫折与失败，转移注意力，有意不去注意挫折和伤心的事情，主动克制焦虑、愤怒和懊悔的情绪，增加休息和睡眠的时间，对功利采取超脱的态度，对失败的经历有意遗忘。这些否认、抵消、压抑等心理防御机制的运用可以使焦虑的情绪暂时缓解，有利于心理的平衡。

3. 常见身心疾病的防治

（1）支气管哮喘：支气管哮喘是最常见的身心疾病之一，是一种慢性疾病，主要是支气管对不同刺激发生过敏反应，导致气道狭窄、气体交换受阻，造成呼气性呼吸困难，重者危及生命。不能呼吸的恐惧和生命垂危的表现引起患者和亲人产生极大焦虑，影响患者的学习工作和生活。

哮喘病因很多，有遗传、环境中的花粉和尘埃致敏源、感染、生化因素等，心理因素对本病有直接和间接的促发作用，如亲人分离、考试失败、遭受惩罚或是生活中的过分激动等等均可诱发哮喘发作，而亲人对患者发作的担忧、对症状的过分关注和保护以及对病情的否认或忽视都会强化哮喘行为，使症状持续、反复发作，形成恶性循环。过去认为，哮喘患者表现出一定的人格特征，过分依赖和被动、抑郁、冲动、攻击性、社会性发展不良、焦虑水平高等，近年研究发现，患者没有特异的人格类型，但半数的患者有强烈乞求他人保护的潜意识愿望，这使得患者对亲人的分离特别敏感。患者也会通过“学习”获得不良的体验，即用哮喘来发泄不良情绪，得到他人的关注或让步，以及避免不愉快的事情。

哮喘的干预除了用皮质激素等药物疗法以外，可用多种行为疗法，如系统脱敏、松弛疗法、催眠与暗示、生物疗法等。对患者进行家庭治疗尤为重要，要打破家庭的恶性循环，改善不良的家庭成员之间的作用方式，培养患者良好个性，加强体育锻炼，增强体质与抗病能力。

(2) 消化性溃疡：消化性溃疡是发生在胃和十二指肠的慢性溃疡，是在某种心理因素作用下由消化液造成的局部性粘膜组织的溃烂。

研究表明，溃疡与遗传易感倾向、慢性人际冲突、社会应激的激活相关。患者经历的不良生活事件多，如学习工作压力、亲子分离或矛盾等；吸烟和酗酒等不良习惯也是可能原因；患者具有一定的人格特征，孤独、自负、焦虑、抑郁，凡事过分思虑，苛求完善，情绪不稳。

溃疡的治疗须综合进行，躯体症状明显时，使用制酸剂和解痉剂，以保护黏膜并促进愈合；还要注意消除心理刺激因素，调节情绪，改善饮食，生活有规律，适时锻炼，培养良好的性格与生活习惯；对患者可进行生物反馈和认知行为治疗。

(3) 偏头痛：偏头痛是一种常见的头痛类型，为发作性的血管功能障碍，由头部动脉血管受压、紧张和扩张所致，以反复发生的偏侧或双侧头痛为特征。

偏头痛的病因除遗传、器质、生化因素外，心理社会因素占有重要作用，如情绪紧张、饥饿、睡眠缺乏、噪音与强光的刺激、气候变化等等。

偏头痛的治疗用止痛药效果很差，而用生物反馈治疗常常可收到较好的效果。如把电极放在头部，使头部紧张度的信息与播放机相连，然后教患者放松头部肌肉，若能放松，通过生物反馈仪等自动控制技术，使播放机工作，放出喜爱的音乐，如头部不能放松，就切断音乐。通过多次训练，患者可学会以音乐作为参考标准，控制头部肌肉，使之放松，以消除头痛。还可通过类似方法，学习对手指温度（即外周血管的收缩与扩张）的控制，进而控制头部血管的收缩与舒张，使头痛减轻。

4. 患病后的负性心理与护理

任何躯体疾病都将影响人的心理状态，要关注患病后的心理影响与结果，实施相应的心理学干预。

患病对青少年和家庭都是一种严重的应激。患者和父母不得不考虑疾病的严重性和后果，由此会出现认知和情感问题，多数患者会为疾病而焦虑，他们需要得知有关疾病的详细、可靠的信息，但父母常常瞒着病情，或是劝慰患者顺从治疗和吃药打针，这样更会增加患者的疑惑和焦虑。有时医务人员门诊处理过于匆忙，语言太专业化，医患交往过于严肃，这样也会使患者出现不良反应，一方面是拒绝服药，不遵医嘱；另一方面是过度顺从，以患病为手段，获得他人的同情和照顾。因此，对患者首先要提供正确的心理支持，消除孤独感和依赖感，耐心解释病情和治疗措施，父母与医生要相互配合，积极参与治疗过程，使患者早日康复。

慢性病对青少年的影响不容忽视。一般将病程超过 3 个月以上的称为慢性病，如血液病、心脏病和糖尿病等。血液病患者通常不能正常学习，面对死亡的威胁引起应激反应。父母也为患者的病情而担忧，四处求治，不惜重金购买药品和营养品。应当转移患者对疾病的注意力，让他们有正常的人际交往和社会生活，避免悲痛情绪对他们的不良影响。心脏病更能引起焦虑，而焦虑又加重心脏病症状。多数患者在长期的患病过程中，踌躇多虑，谨小慎微，丧失康复信心。应当在加强心脏治疗的同时，为患者提供及时的心理帮助与照护，安排好生活作息，劳逸结合，适时锻炼。糖尿病受情绪的影响，并与灾难性的环境变化有关。患者对长期尿检、控制饮食和注射胰岛素会产生厌烦情绪，长期治疗也会引起家庭经济紧张，矛盾增多。因此，要求家长要有耐心，家庭的食谱要作相应调整，患者要自己学会观察血糖和尿糖水平，遵从治疗方案，参加正常的学习生活，适当锻炼。

研究表明，多数患者在住院期间产生轻度至重度的应激反应和一些行为问题。其主要原因是，患者与亲人分离，不熟悉医院和医疗程序。对此，学者们提出许多心理干预措施，如改变住院程序、让患者和亲人先参观、了解有关信息、亲人陪同患者住院、设立家庭病床等等。这些措施使患者的焦虑和恐惧行为减少。要使医院环境适合患者心身特点，医务人员要和蔼可亲，减少患者的陌生感和恐惧感，还要创造条件使重症患者和轻症患者分开，减少相互干扰，帮助家长提高护理技能。家庭病床对一些慢性病患者可能比住院更适宜一些。

5. 躯体残疾者的心理康复

残疾是指身心上有缺陷，即由于生理和心理上遭受有害因素的创伤性刺激，导致躯体器官的缺失或机能瘫痪以及心理上的不可逆转的缺损，部分或全部地失去活动能力，在生活上需要得到他人照顾。这里重点谈谈视力残疾、听力残疾和肢体残疾者的心理康复要求。

视力残疾是指由于各种原因导致双眼视力障碍、视野缩小，难做到一般人所能从事的工作、学习或其他活动。视力残疾的原因有很多，除视觉器官的病变原因外，心理与环境因素也是重要原因，如情绪困扰、亲人死亡与离异、学业或事业失败、强烈精神刺激、精神发育迟滞、癔症等均可导致暂时性和永久性的视力残疾。

视力残疾者由于感知觉受限，造成学习和生活的困难，易受他人歧视，自信心不足。在情绪与社会发展方面，多显得被动、依赖，会产生无助感，行动缺乏安全感，恐遭遇危险，与人沟通困难，无法运用表情和手势语，对他人的交谈也缺乏全面理解，人际交往受阻，社会上对盲人的歧视或怜悯态度会加重他们的适应困难。

对视力残疾者的干预包括医学干预、教育干预、家庭干预和社会干预等，心理教育干预是基础，即对患者实施特殊的教育和训练，这是家人、教师和社会工作者都应该熟知的。教育和训练要强调下述几个重要方面：一是教育内容要与正常人相近，采用各种辅助器材、教具和方法帮助他们克服生活中的困难；二是要因材施教，根据个体的不同情况制定个别教育训练方案；三是注意缺陷补偿，着重训练听觉、触觉等感知能力，以补偿视觉缺陷；四是训练他们的环境适应能力，如定向行走、生活技能、手工劳动等；五是给予及时的心理社会支持，不歧视，不“特殊照护”，用“平常心”来看待他们。

听力残疾是指由于各种原因导致双耳听力丧失或听觉障碍，以致听不到或听不清周围环境的声响，从而无法从事正常人的语言交往活动。

听力残疾者的主要心理问题是人际交往和语言发展受阻，影响到学习和社会适应以及情绪与个性的发展。调查表明，他们丧失了与家人言语交往的机会，产生心理挫折，脾气坏，得不到亲人声音的抚慰，安全感难以满足，行为冲动，易受暗示，孤僻，自高自大或自卑，主观片面，猜疑心强，自私等。由于受教育的局限性，进普通学校受限，进聋哑学校又造成与正常人的心理隔阂，影响学业成就和社会交往，产生情绪和行为问题。

听力残疾的干预除强调预防和医学治疗外，最重要的是进行言语康复，因为患者发音器官多完好无损，可通过教育和训练得以补救，使言语功能恢复。语言听力训练要越早越好，语言训练上要利用多感官协同感知，在观察教师口型的同时，利用残余听觉，尽早佩戴助听器，让他们用手去触摸发音者嘴唇和喉部的振动，做到听话、看话和摸话三结合。还要学习手势语和手指语，有残余听力的重听者可以学会五种语言形式，口语、书面语、手势语、手指语和听语。对听力残疾者的系统教育训练可在聋校进行，目前提倡“一体化教育”，即让患者与普通学生一起受教育，在普通学校设置特教班，或者直接进入普通班。正常的学习环境将有利于他们更快提高口语能力，有利于心理发展和人际交往。在我国实施这种一体化教育还有许多工作要做，要为听力残疾者创设一个有利于他们身心发展的社会大环境。

肢体残疾是指四肢和躯干缺损、畸形、麻痹、肌肉萎缩、挛缩、脊柱或关节强直，导致运动系统的功能丧失或不同程度的功能障碍。

肢体残疾者对外界刺激敏感，易遭受挫折，产生自卑感，学习生活上面临较多的困难，因长期受到照顾会养成依赖他人的心理，成就动机不足，人际交往受限，行动不便，若愤怒、敌视和焦虑的情绪长久持续，会影响他们人格的发展。

对肢体残疾者进行补偿与训练，使他们最大限度地恢复或补偿残疾肢体的功能，重新得到正常生活学习的能力，是防治残疾者心理问题的重要措施。补偿训练常用的有物理疗法，如生物反馈、电脉冲疗法、红外线或超声波疗法、针灸和按摩等。运动疗法主要是做神经肌肉医疗体操，对残肢进行肌力训练、耐力训练、协调训练、保持和增加运动度训练和速度训练。可通过一定的体育器材训练残肢功能，还要对整个躯体功能和知觉运动功能进行训练，搞好矫形支具与假肢的装配。对残疾者还要注重心理补偿，为他们提供良好的心理社会支持，不要歧视或怜悯，让他们通过系统的心理教育和训练克服自卑感，正确对待残疾和认识自己，努力把残疾转化成特长，使肢体残疾的缺陷能在心理上得到较大的补偿。

6. 迷信巫术的危害

迷信是指盲目地信仰和崇拜，尤指相信占卜、相命与鬼神。迷信观念与行为有时和精神病态症状类似，但不是精神病，迷信者大脑并不存在器质性改变，是一种群众性的错误感知和认识行为。对他们实施药物治疗是徒劳的，可以通过科学知识教育和现实生活检验来改变原来的信仰，使之最终自动放弃或改变迷信观念和行为。

迷信行为常常分为下述几类：一是传统世俗迷信，相信某些活动、数字会带来好运气，如喜鹊叫带来喜讯，乌鸦叫带来恶运，“168”表示“一路发”，“13”不吉利。二是鬼神迷信，信神疑鬼，菩萨可以显灵。三是人体功能迷信，相信“心灵遥感”和“未卜先知”，“透视”他人内脏，“感受”万里之遥气功大师在发功。四是个人崇拜迷信，不以事实为准绳，盲目崇拜帝王将相和权势伟人。

我国近几十年来，随着经济的发展、城乡差别和贫富差别的加大以及精神文明建设的放松，各地迷信活动猖獗，港台地区的迷信活动也很盛行，由此带来的人与社会的健康问题正日益增多，这些问题需要认真研究。迷信流行的机制是什么？有人认为迷信具有精神寄托的社会功能，即一定的社区有迷信活动的需要。迷信者参与迷信活动的动机一般是期望消灾降福，摆脱现实挫折，寻求心理慰藉和支持。求健康长寿和保平安一直是迷信观念和行为的主要组成部分，虽然迷信活动对人类有一些心理支持作用，但它在更多场合下是有害于健康的。迷信者常常把疾病归因为命运、预感、梦和幻觉，或是违反了社会禁忌遭到神秘的报应，

或是丧失灵魂，被神灵附体。迷信还影响着人们的求医方式，迷信者患病后常常不去医院求治，而是私下请巫医或神婆，致使延误病情、死于非命的事件时有发生。

迷信之所以有市场，不仅与人们的知识文化水平低和易受暗示性有关，也与迷信活动者的某些特点有关。调查表明，一般职业迷信活动者多有轻度的身心异常表现，如癔症、癫痫、躯体畸形和双目失明等，他们敏感性高，暗示性强，有较好的判断能力和随机应变的能力，能言善辩，表达力强，善于结合民歌民谣来鼓吹自己的观点，有较好的情绪感染力和控制他人情绪活动的能力。迷信活动者用来治疗疾病的一些所谓技巧，不外乎有这么几种：一是招魂，基于“灵魂出窍”的迷信观念，将病人的灵魂招回来；二是驱鬼，基于鬼神附体的迷信观念，将鬼神和恶魔从患者肉体上赶走，并树立镇鬼符咒，以防鬼神再来侵扰；三是请神，将驱鬼降妖的神灵请来家中，建立神位，以保消灾平安；四是服神水，给患者服用没有药理作用的东西；五是仪式活动，要求病人躲避某些日期、人、方向，或忌荤、禁食等。推崇迷信的治疗师常常采用催眠手法，使信徒进入催眠状态，出现一些特殊的精神状态，如错觉、幻觉、人格转换等。这些状态又强化了信徒以及围观者的神秘感和暗示性，可能导致群体（尤其是青年妇女）的“显灵”症状发生，如手舞足蹈、哭笑无常、与神对话、“修行成佛”。算命和看相是我国迷信活动的主要方式，它们常常与民俗文化、人生哲理相互揉和，有的还打着科学的招牌，因此，更容易欺骗青少年。

巫术与迷信密切相关，是巫师施展的某种技术和手段，借此来影响或控制客观事物和他人行为。巫术是愚昧无知的历史产物，是人们幻想改变自然的行为，虽然逐渐被宗教和科学所取代，但在现代社会的某些区域仍有市场。巫术有一些共同特点，一般都有明确目的，有一定的仪式，有巫词和巫师。巫术的形式有多种，和迷信活动者使用的手法类似：一是征兆和预言，征兆是指某些自然现象或人的生理现象，巫师宣称自己能根据征兆预测未来，如认为月食或乌鸦叫为凶灶，彩虹高挂、燕来筑巢为吉祥之灶；二是占卜，即巫师根据占卜工具上的信号人为地推算未来；三是祈求，通过某种特定的形式祈求鬼神显灵，帮助人们实现某种目的，如求龙王爷降雨，求早生贵子；四是招魂，巫术认为人患病是因为失落了灵魂，于是请巫师实施一定的仪式活动招魂；五是诅咒，通过咒语和象征性的惩罚手段以损害他人；六是驱鬼，请巫师通过某种仪式活动驱赶或消灭鬼怪；七是避邪，利用某种物品预防鬼神侵犯，如将镜子挂在房门口以避邪；八是禁忌，对某些行为进行限制，以免触怒鬼神招来灾祸，如女性不能摸男子的头，祝寿时忌见寡妇等。

巫术是一种迷信手法，它的鬼神观念是对人间现实的虚幻和歪曲的反映，是反科学的产物。由于巫术千百年来与人类共存，至今仍和民族文化、乡风民俗以及宗教信仰交织在一起，要从根本上取缔巫术尚有很长的路要走。迷信巫术是愚昧落后的表现，它毒害青少年，影响健康，也扰乱社会秩序和社会稳定，必须坚决取缔。要依法惩治那些危害社会的职业迷信者。全社会要加强精神文明建设，通过各种宣传媒介，揭露迷信巫术的危害和行骗性质，在广大农村地区普及科学和文化教育，提

高国民素质，倡导健康、文明、科学的生活方式。

7. 附体状态与群体暴力

由迷信巫术所导致的精神障碍并不少见，有的是因受迷信巫术观念的影响而发病，有的是以迷信巫术活动为主要表现形式，如同时引起多人随从，进行荒唐的仪式活动，甚至造成严重的人身伤害和群体暴力，引起社会动乱，危害甚广，必须引起高度重视。为什么群体迷信活动时会发生暴力行为？这还是一个谜。心理动力学派认为，暴力行为是一种原始反应或一种积极的防御功能，“如不这样做自己就大祸临头”的意念在所有随从者事后的回忆中都存在。有人提出性本能的作用，因为半数患者有性暴露或性侵犯的行为，其情节也相当荒谬离奇。当地人群的文化心态也有影响，多数患者平时的意识范围里也有这方面的内容。

迷信巫术导致的精神障碍最常见的形式是附体状态，它是一种无形无质的某种鬼神或精灵依附于人的躯体状态，与神灵崇拜和信仰密切相关，有人把它称为“精神恍惚状态”或“变换的意识状态”，它是由生理、心理、药物等多种原因所引起的、明显偏离正常意识状态的一种精神异常表现。其病理机制有多种解释，有的认为是因社会隔绝时间太长，长期的单调刺激使人的感觉运动能力下降；有的认为是因宗教仪式活动产生了极端感动的“销魂状态”，以致感觉运动能力大大增加；机体警觉性的增高或降低也有影响，如气功入静、白日梦、神媒性精神恍惚状态、自由联想过程等；躯体方面脱水、睡眠剥夺、过度呼吸、癫痫、药物戒断、血糖水平波动等都可能导致附体状态产生。

严重附体状态会导致家族杀人，惨绝人寰，触目惊心。多数患者平时安分守己，其杀戮无辜或强奸罪行多与他们平时意愿不相容。他们迷信观念极严重，攻击对象绝大多数是直系亲属，杀人行为极端残忍，如解尸、碎尸、水煮、火焚。曾有两位平时孝顺父母、爱护同胞、老实本分的青年农民兄弟，在一次神仙附体状态下，二人亲手杀死了被视为“妖魔”的父母和同胞共计 8 人。

附体状态的主要临床表现有三：一是身份障碍，患者的现实身份感丧失，被鬼神身份所替代，身份障碍发生数分钟至一二天，突然中止；二是遗忘，有明显的选择性，特别是对行凶过程中最重要的情节遗忘；三是情绪障碍，如手舞足蹈，目光呆滞，带有明显的迷信和宗教仪式色彩，有较突出的癔症性格，所以又称“癔症性附体状态”。

我国提出的“与迷信巫术相关的精神障碍”诊断标准是：

（1）精神障碍由迷信巫术诱发；

（2）症状与迷信巫术密切相关，以鬼神附体的精神障碍、片段幻觉、错觉、妄想、行为紊乱等为主要临床表现。

附体状态与文化、神灵和信仰紧密相关。人类历史早期，神灵和信仰满足人的心理需要，调整人与自然的关系，维护传统道德，巩固群体团结，曾起到积极的作用，有些巫师通过驱魔术治疗了部分类似附体状态的患者。但这种积极作用是有限的，有历史性的。当今社会中发生的附体状态多是非适应性表现，它严重阻扰个人和社会的正常生活，借助暂时神灵附体的新身份实施暴力行为会造成严重后果。目前的境况是，附体状态作为一种治病方式，还广泛存在于某些偏远、落后的地区，当地的人们多具有共同的鬼神信仰，所以又将附体状态称为“亚文化附体状态”。在我国部分农村地区，文盲多，愚昧无知，迷信思想严重，使附体状态的发生率一直偏高，青少年不同程度受到一定影响，需要引起全社会关注。

8. 气功出偏，走火入魔

气功是我国传统医学中健身治病的一种方法，通常做法是维持一定体位和姿势，或有某些动作，注意集中于某处，沉思、默念、松弛和调节呼吸等，可出现某些自我感觉和体验。气功出偏又称走火入魔，是指由于气功操作不当，出现思维、情感和行为障碍，失去自我控制能力。气功出偏虽多见于成人，但在老、边、穷地区，因修炼气功而走火入魔的青少年并不少见。

气功引起的精神障碍主要有下述表现：一是有感知觉障碍，所有患者都说有“气感”，如感到气冲头顶，或气在体内乱窜，似针扎或触电，有麻胀感；二是出现幻觉，患者有虚幻的知觉体验，客观现实不存在的东西，患者却认为它存在，如看到“天外来人”，听到“宇宙语”，收到千里之外气功大师发放的“信息”，幻觉内容往往与气功师的暗示有关；三是出现妄想，主要是影响妄想、被害妄想和夸大妄想，如认为“有一种无形的力量使我围着大树转”，“不是我要练功，而是功带着我练”；四是有强烈的情感色彩，患者因被害的体验出现焦虑、恐惧，有的兴奋、话多，到处给人“授功治病”；五是出现离奇行为，患者因自我意识障碍而宣称某某附体，有的自称接到了气功师传递的“你会飞”的信息，而不顾一切地想从高楼往下跳。

气功出偏的原因复杂，有人总结了诸多因素：如练功过度紧张，没有遵循气功“松舒自然、恬淡虚无”的基本原则；意念过重，故意以意领气，以致出现头痛、头胀、胸闷、心悸，头颈发硬，有“泰山压顶”

之感；没有根据个人特点和健康状况练功；指导者进行误导，对出现的动功现象大加夸奖，造成练功者盲目追求，大动不止；指导者的无知和夸张，吹嘘特异功能或恐吓练功者；患者对入静过程所见到的幻景缺乏正确认识，把幻景当成现实去刻意追求，引起大脑神经功能失调；长时间练功，导致身体抗病能力下降；没有遵守练功法的禁忌事项；练功前心情不愉快，未选好适当的环境和时间；不认真收功，出现“内气不止”；90%的患者多有人格缺陷，有神经症或精神病人格素质倾向。

气功所致精神障碍的诊断标准是：

(1) 由气功直接引起；

(2) 症状与气功书刊或气功师所说的内容有密切联系。这些现象通常只在做气功时出现，而结束气功时迅速消失，患者的症状持续或反复出现，无法自控。

气功作为一种健身、防病、治病的手段，并不适用于一切人，尤其不适应青少年。对有不良人格素质倾向的人应慎用。练功者若发生出偏，应尽早到专业诊所实施纠偏治疗，切不可再请原气功师纠偏，以防伤害加重。

9. 人体特异功能的真伪

人体特异功能是指人体的一种罕见、特殊功能，如耳朵识字、肉眼透视、遥测预感、意念致动等等，这些功能用现代科学知识无法圆满解释。

如何看待人体特异功能？有两种完全相反的观点。持赞同的观点认为，全国报导的人体特异功能虽然充满了神奇色彩，但多数都是耳闻目睹的事实，有的经过反复的科学验证，并通过文字和录像方法记录下来，特异功能的存在是无疑的，问题是如何认识、理解、发掘和掌握它，科学地应用它。持反对的观点认为，人体特异功能违背了科学常识，而且表演中又有几分诡谲和神秘，有的干脆斥之为“歪门邪道、封建迷信”。人体特异功能并不是一种常态，具有特异功能的人有的也曾被诊断为精神病患者。讨论人体特异功能的分类与表现，将有助于鉴别特异功能的正误或真伪。

人体特异功能可分为两类：一类是“超感觉知觉”，即不通过人体正常的认知途径能感受客观事物；二类是“意念致动和遥控”，即人体不经过已知的物理媒介而作用于客观事物。

超感觉知觉的报导甚多，如耳朵识字，陕西一名女孩不仅能听字，还可听画，经国内外专家多次鉴定，甚至是双盲测试，仍可听出铁皮密封的纸团中用圆珠笔写的字。遥视和遥测的报导也不少，如北京某气功师能“千里诊脉”，诊断上海某老妇患有痔疮。预感和预知特异功能的争议颇多，几乎每一件重大事件发生后都有人来追述某某曾经预言，使人难辨真伪。日本一农妇曾在二战前预言，日本会战败，战后，她成为一宗教团体的教主，同时，又被诊断为妄想型精神分裂症。

意念致动的报导也有不少，如某气功师施展功法，可以拨云停雨，或以掌发功，击碎病人胆结石。有的称有遥控本领，如在深圳发功，可使北京的试验样品分子结构发生变化，激光成了曲线。人体特异功能深得传播媒体的青睐，甚至有的被邀请到国家级电视台表演轻功绝技，水面行走，踏浪穿行。

令人迷惑不解的是，一旦专家们组团准备对人体特异功能进行严格的科学测试时，特异功能的表演往往流产，不是当事人生病，就是表演计划变更。如何对人体特异功能进行科学化评估，尚待时日。从健康心理的角度讲，对人体特异功能不宜太执迷，否则，容易像练气功出偏一样，导致人的更大困惑。

10. 催眠与人的暗示性

催眠是指经催眠师诱导而进入的一种类似睡眠的特殊意识状态。催眠师使用的技术称催眠术。在催眠状态中，被试可以随着催眠师的指令，出现感觉缺失或感觉增强，产生遗忘，或唤起早已遗忘的经历，产生幻觉，视物不见，听声不闻，甚至从事某种不情愿或明显有害的事情。催眠术日益受到科学的挑战。

催眠术历史悠久，千百年来，一直作为巫师、牧师或迷信职业者的专利，披着神秘的外衣，被认为是一种超自然的魔力。1772 年，德国医生 Mesmer 系统研究催眠术，提出“动物通磁”理论，成功地把催眠术用于医学领域。19 世纪中叶，英国医生 Braid 认为催眠是一种心理现象，而非动物的磁性所致，并借用希腊文创用了催眠一词。后来，催眠现象引起广泛的争议，有的认为催眠现象主要由暗示引起，有的认为催眠现象与癔症密切相关，是一种病理状态。由于麻醉药物的发现，人们对催眠的兴趣逐渐减少，直到心理治疗方兴未艾的今天，催眠术又作为一种神秘的治疗方法重新获得它的市场。

事实是，并非所有的人都能被催眠，催眠的效果主要取决于被试的暗示性，只有暗示性高的人才表现出催眠效果。实施催眠术的一个重要步骤，就是测量被试的暗示性。其方法很多，如测查嗅觉，让被试分辨三个标有水、醋酸和酒精字样，而实质盛的全是清水的瓶子，暗示性高的人能“嗅”出醋酸或酒精味；测查视觉分辨力，给被试一张白纸，画有两个一样大小的圆圈，但标明的直径数一个大、一个小，问被试哪个圆圈大，暗示性强的人会指出其中一个大或小；测查记忆力，让被试看一张图，画有一扇窗、两把椅子和蓝色窗帘，然后询问被试，是否看到两扇窗、三把椅子和绿色窗帘？回答是者暗示性高；还可测查平衡功能，要被试面墙而立，双目轻闭，测试者用低沉语调缓慢地说：“你是否感到有点站不住了，是否开始感到前后摇晃……前后摇晃……”暗示性强的人会出现摇晃现象。

暗示性强的人才适合催眠。一般催眠师使用的催眠技术主要有后述几种，如凝视法，要求被试全神贯注凝视 20 厘米远的直流电灯泡或光亮球，催眠师以安祥、不可抗拒的语调进行言语暗示：“看着光点，……你已经十分疲倦了，双眼睁不开了，你想睡了……”类似的还有节拍读数法，要被试闭眼聆听节拍器单调而柔和的声响，催眠师配合数数的言语暗示。还有一种按摩法，让被试肌肤裸露，催眠师当着被试的面洗手烘干，然后隔着被试皮肤 3 厘米的距离对其进行全身“按摩”，让被试有微弱的温热感，再配合言语暗示催眠。对暗示性极强的被试可进行快速催眠，如对暗示测验中面墙而倒的人，催眠师可以坚定的语调发出指令：

“入睡吧!”被试会很快倒在催眠师怀里进入催眠状态。催眠后可进入正常睡眠，否则，要做好催眠状态的中止工作，常用倒数数方法让被试醒来。解除催眠不宜过于急促，最好让其慢慢醒来。

被试在催眠状态中会出现各种躯体和精神方面的变化，如与催眠师保持一对一的感应关系，不再具备批判能力，顺从执行催眠师一切指令。此时被试虽全身松弛，类似睡眠，甚至还有鼾声，但能感受催眠师的一言一行，可以过渡到正常睡眠。有的被试出现肌肉颤抖或僵硬，长时间维持一个不舒适的姿势。催眠状态下可出现各种幻觉，发生记忆改变。由此，催眠师可利用此特点促使被试遗忘重大挫折或冲突，或回忆早期重要经历，甚至暗示今后某日某时做某事，以达到治疗目的。

催眠状态可分为 3 级：轻度催眠状态是肌肉松弛，眼睑发僵，思维活动减少，不能也不想睁眼，感觉全身沉重和舒适，事后诉说未睡着，周围一切都知道。中度催眠者瞌睡加深，皮肤感觉迟钝，痛阈值提高，顺从，事后只记得催眠初期催眠师的言行，其后的事情遗忘。深度催眠者感觉明显减退，对针刺不起反应，事后不能记忆催眠中的言行，完全按照催眠师的指示回答和行动，又称梦行。据调查，人群中能进入催眠状态的占 70％～90％，仅有 25％的人能达到深度睡眠。一般在轻度催眠下的暗示才能得到较好的疗效。

催眠治疗的适应症是神经症和某些身心疾病，如青少年神经衰弱、癔症性遗忘症、失音或瘫痪、恐怖症、哮喘等。可在催眠状态下实施心理分析治疗。催眠是一件严肃的事情，须由受过训练的催眠师来进行这项治疗工作。目前对催眠术的褒贬还为时过早，因为调查的证据常常对立。但是，将科学意义的催眠治疗与巫医兜售的“狗皮膏药”以及职业迷信者惯用的骗术相区别，则是必要的。

十、青少年重性精神病

1. 精神分裂表现与评估

精神分裂症是青少年常见的重性精神病，病因未明，患者具有特征性的思维、知觉、情感和行为多方面障碍，一般无意识及智能障碍，病程多迁延，女性多于男性。

精神分裂症是一种具有遗传基础的疾病，外界环境中的生物、心理和社会因素对发病有一定影响，部分患者有脑结构形态和发育上的异常。有人认为是多基因遗传，遗传度为 70%，病理基因位于第 5 对染色体，家族患病率比一般人群高 6.2 倍，单卵双生同病率为 70.6%，而异卵双生只有 17.1%；若父母同是精神分裂症患者，子女有 40%的患病危险性，父母之一是患者，子女患病危险性为 7%～17%。精神分裂症还与器质性因素和生化因素有关，患者早年多有围产期损害史，如母孕期并发症、先兆流产、难产、窒息或产伤等。从小有步态、姿势、平衡协调运动、肌张力等异常征象，神经系统发育延迟，脑电图异常率较高，这可能与中枢神经系统的损伤和结构异常有关，如大脑皮层轻度萎缩、脑室扩大、边缘系统和间脑病理改变等。患者中枢多巴胺能系统活动过度，去甲肾上腺素功能不足。社会心理因素中受到强烈刺激、委屈和讽刺，亲人死亡或重病，离异与失业，学习工作负担过重，升学考试失败，早恋受挫等等均可诱发精神分裂症。患者病前性格特征是：内向，孤僻胆小，依赖性强，主动性差，话少，怕羞，敏感等等，这些虽不是发病的决定因素，但增加了发病的可能性。

精神分裂症的精神障碍症状表现典型，一是表现出思维过程缺乏连贯性和逻辑性，患者意识清楚，言语和书写虽然语法正确，但语句和上下文之间缺乏内在意义的联系，也缺乏中心内容，回答问题不切题，对事情的叙述不中肯，使人不容易理解，表现出思维松弛，严重时言语支离破碎，出现破裂性思维或词的杂拌，还有思维中断、强制性思维、象征性思维、语词新作等。

二是表现出情感淡漠和不协调，对同事和朋友欠关心和同情，对亲人不体贴，对周围事物情感反应迟钝，生活学习兴趣减少，对莫大痛苦的事表现出惊人的平淡，出现情感倒错。

三是意志活动减退或缺乏，活动减少，无主动性，行为孤僻和退缩，无故旷课旷工，长期不洗澡，不梳头，生活懒散，终日无所事事，呆坐或卧床，部分患者意向倒错，如喝肥皂水，伤害自己身体，行为受幻觉和离奇的思想支配。

四是表现出幻觉、妄想、人格解体等症状，半数以上患者出现命令性幻听、思维冥想、评论性幻听和自笑自语。妄想有泛化和内容荒谬的特点，以关系妄想、被害妄想和影响妄想多见，其次是嫉妒、钟情、罪恶和疑病妄想。人格解体的患者体验不到自己的情感，好似脑袋离开了身体，走路不感觉下肢存在，“我”分裂成两三个。有的表现出紧张症症候群。

五是自知力均有损害，多数患者不认为自己有病，而认为是某些人的恶意加害，因此不愿接受治疗。患者一般无意识障碍，也查不出智能活动的缺陷。

精神分裂症患者不一定都具备上述各项症状，而且随着疾病类型和临床阶段的不同有很大差异。一般将精神分裂症临床症状分为急性和慢性两个阶段：急性阶段以幻觉、妄想为主，又称阳性症状；慢性阶段以思维贫乏、情感淡漠、意志缺乏和孤独内向为主，又称阴性症状。这种区分是相对的，患者可能两种症状都有。

精神分裂症临床常见类型有以下几种：

偏执型：又称妄想型，最常见，在青少年期开始，起病缓慢，病初表现敏感多疑，逐渐发展成妄想，内容日益脱离现实；情感和行为常受幻觉或妄想支配，表现疑惧，出现自伤和他伤行为。此型病程发展慢，在相当长的时期内能维持正常学习和生活，自发缓解者少，疗效较好。

青春型：此型较常见，发病于青春期，起病较急，发展快，主要症状是思维内容离奇，难以理解，思维破裂；情感喜怒无常，表情做作，扮弄鬼脸，傻笑；行为幼稚，愚蠢，常有兴奋冲动行为及性欲和食欲等本能的意向亢进；幻觉妄想片段凌乱，精神症状丰富多变。此型发展快，如及时治疗，效果较好。

单纯型：此型较少见，青少年时期发病，起病缓慢，持续进展，自动缓解者少。早期表现出神经衰弱的症状，易疲劳，软弱无力，睡眠，学习工作效率下降；孤僻日益加重，被动，生活懒散，情感淡漠，幻觉妄想不明显，发病早期常被误认为是思想不开朗或思想问题，数年后病情严重时才被发现，疗效差。

紧张型：少见，表现出木僵状态，不语不动，不饮不食，表情呆板，蜡样屈曲，出现冲动行为，突然起床，无目的地砸破东西，然后仍旧躺下。此症能自动缓解，疗效好。

精神分裂症的诊断是在详细了解患者病史，全面进行精神、神经、体格、实验室检查的基础上，再根据一定的诊断标准来作出。精神分裂症诊断标准如下所述。

症状标准：确定无疑有下述症状中的至少两项，各症状并非继发于意识障碍、智能障碍以及情感高涨或低落。

（1）联想障碍：明显的思维松弛、破裂性思维、逻辑倒错、病理性象征思维；

（2）妄想：原发性妄想、自相矛盾、毫无联系、内容荒谬离奇；

（3）情感障碍：情感倒错或情感不协调；

（4）幻听：评论性、争议性、命名性幻听，或持续一个月以上的言语性幻听；

（5）行为障碍：紧张症症状群，或怪异愚蠢行为；

（6）意志减退，较以往显著的孤僻、懒散或思维贫乏，或情感淡漠；

（7）有被动体验，或被控制体验，或被洞悉感，或思维被播散体验；

（8）思维被插入，或被撤走，或思维中断，或强制性思维。

严重程度标准：自知力丧失或不完整，且至少有下述情况之一。

（1）社会功能明显受损；

（2）现实检验能力受损；

（3）无法与病人进行有效的交谈。

病程标准：精神障碍的病期至少持续 3 个月。

各种类型的精神分裂症还有不同的诊断标准，偏执型的精神分裂症以妄想为主要临床表现，常伴有幻觉；青春型精神分裂症在青年期起病，以思维、情感和行为的不协调或解体为主要表现；紧张型精神分裂症以紧张综合征为主要表现；单纯型精神分裂症以思维贫乏、情感淡漠、意志缺乏、社会性退缩等阴性症状为主要表现，起病隐袭，缓慢发展，病程至少 2 年，并逐渐趋向精神衰退。

对于急性期的精神分裂症可采用量表评定的办法，最常用的量表是简明精神病量表（BPRS），它由 Overall 等人于 1962 年编制，是精神科应用最为广泛的评定量表之一，尤其适用于精神分裂症患者，共有 18 条项目，分七级评分，即：无、可疑、轻、中、偏重、重、极重，为他评量表，一次评定，大约需要 20 分钟的会谈和观察。BPRS 评定时间界定为一周内，首次评定后的重复评定一般在 2～6 周进行。总分反映病情的严重程度及其演变，可进行因子分析和廓图分析，以反映患者的症状结构和治疗效果。有调查表明，精神分裂症的 BPBS 总分 57 分为严重，51 分较重，43 分为一般，37 分较轻。治疗实验的入组标准以 35～40 分为宜。BPRS 不适应于慢性精神分裂症的评定。量表评定只能作为筛查手段，最终诊断还要根据临床诊断标准进行。

精神分裂症的防治首先要强调预防，做好遗传咨询工作，配偶双方如果都是精神分裂症患者，要避免生育；加强围产期保健，排除心理社会刺激因素；要建立社区精神康复机构，提供及时的家庭照护，帮助解决患者的入学、就业、社会康复问题。

在治疗上，药物治疗起着关键作用。常用药物有氯丙嗪、氟奋乃静、氟哌啶醇等。原则上要尽可能选用一种药物，首次剂量宜小，增加剂量宜慢，要注意药物副反应问题，服药需遵医嘱。治疗上要取得患者和监护人的配合，据报道，曾有一位青少年患者因迫害妄想，将父母强迫给自己服用的氯丙嗪偷偷放进父母的饭中，其结果令人深思。要注意对患者的心理行为治疗和教育训练，提供心理支持，开展文娱活动，增进社会交往，促进患者的精神康复、智能康复、行为康复和职业康复。

2. 躁狂发作与抑郁发作

躁狂抑郁症是一种情感性精神障碍，以显著而持久的情感高度高涨或低落为临床主要特征，病程为双相循环发作或单相发作，间歇期精神活动多保持正常，一般预后较好。首次发病以 16～25 岁最多，女性多于男性。

躁郁症的病因未明，一般认为与遗传、生化代谢异常、神经内分泌功能失调和心理因素有关。调查表明，该病家族遗传倾向明显，一级亲属同病率高于一般居民30倍，单卵双生同病率大于92.6%，双卵双生为16%；有人在第11对染色体上发现素质基因。5一羟色胺缺乏是本症的共同生化基础，构成发病的素质倾向，去甲肾上腺素功能亢进出现躁狂，功能不足则出现抑郁。实验室检查表明，患者下丘脑一垂体一肾上腺轴功能异常，抑郁症患者血中皮质激素增加，还有下丘脑一垂体一甲状腺轴功能异常，这些异常可能与间脑、下丘脑生物胺去甲肾上腺素功能障碍有关。半数的患者遭遇过不良的心理刺激因素，少数患者在躯体因素影响下发病。

躁郁症的临床表现分为躁狂和抑郁两类症状。躁狂症的典型症状是情感高涨、思维活动加速和言语动作增多。躁狂患者情感高涨，喜气洋洋，常常能博得周围人的共鸣；有的人情绪不稳，易激惹，因小事而暴

跳如雷，伤人毁物，但很快转怒为喜或赔礼道歉。躁狂患者活动过多，整日忙碌不停，爱管闲事，做事有头无尾，缺乏成效，睡得少，食欲和性欲亢进，挥金如土，喜欢接近异性，好打扮，贪恋色情，失去正常的社会控制能力。患者的联想速度加快，内容丰富多采，说话滔滔不绝，自觉脑子特别灵，下笔千言，一挥而就，但逻辑肤浅，思维随环境多变，出现意念飘忽或音联、意联，对自己评价过高，可达到妄想程度，但不荒谬。患者自知力有不同程度受损，很少认识到自己有病而需要治疗。躁狂症还可分成轻重二类，轻躁狂主要是言语多，活动增加，但不妨碍工作；重躁狂称谵妄性躁狂或错乱性躁狂，活动狂暴，有明显的意识障碍和精神运动性兴奋、幻觉等。

抑郁症主要是情绪低落、思维缓慢、言语动作减少和迟缓等。抑郁症发病缓慢，患者出现失眠、乏力、食欲下降、内感性不适。抑郁症患者以情绪低落、抑郁和悲观症状最为突出，终日忧心忡忡，兴趣索然，对前途丧失信心，常常有自罪自责观念，认为自己丧失了工作能力，成了废人，或将小事夸大，出现消极观念，有自杀企图，脑子迟钝，声音低沉，少活动，回答问题要等待良久。抑郁症状有昼重夜轻的特点，清晨最重，少数患者缄默不语，卧床不动，称为抑郁性木僵状态。自杀企图和行为是抑郁症最危险的症状，患者往往事先有周密的计划，行为隐蔽。有些患者以躯体症状为主，面容憔悴苍老，目光呆滞，食欲差，体重下降，便秘，早醒，不能再入睡，充满悲观情绪等待一天来临；有的躯体症状明显，头痛、头晕、胸闷、气短，抑郁症状被掩盖，称为“隐匿性抑郁症”。还有的患者出现人格解体、强迫状态或恐怖症状。

躁狂发作的诊断标准如下：

症状标准：以情绪高涨或易激惹为主要特征，症状持续至少1周，在心境高扬期，至少有下述症状的3项。

（1）言语比平时显著增多。

（2）联想加快，或观念飘忽，或自感言语跟不上思维活动的速度。

（3）注意力不集中，或者随境转移。

（4）自我评价过高，可达妄想程度。

（5）自我感觉良好，如感头脑特别灵，或身体特别健康，或精力特别充沛。

（6）睡眠的需要减少，且不感疲乏。

（7）活动增多，或精神运动性兴奋。

（8）行为轻率或追求享乐，不顾后果，或具有冒险性。

（9）性欲明显亢进。

严重程度标准：至少有下述情况之一。

（1）工作、学习和家务劳动受损。

（2）社交能力受损。

（3）给别人造成危险或不良后果。

抑郁发作的诊断标准如下：

症状标准：以心境低落为主要特征，症状持续至少2周，在此期间至少有下述症状的4项。

（1）对日常活动丧失兴趣，无愉快感。

（2）精力明显减退，无原因的持续疲乏感。

（3）精神运动性迟滞或激越。

（4）自我评价过低，或自责，或有内疚感，可达到妄想程度。

（5）联想困难，或自觉思考能力显著下降。

（6）反复出现想死的念头，或有自杀行为。

（7）失眠，或早醒，或睡眠过多。

（8）食欲不振，或体重明显减轻。

（9）性欲明显减退。

严重程度标准：至少有下述情况之一。

（1）社会功能受损。

（2）给本人造成痛苦或不良后果。

躁郁症的防治根据不同的症状而方法不同。对躁狂症可用氯丙嗪和氟哌啶醇控制急性症状，双相病人可服用碳酸锂以预防复发。对严重的急性躁狂患者还可实施电抽搐疗法。对抑郁症患者用丙咪嗪治疗运动性抑制症状，用阿米替林、多虑平抗抑郁、镇静和抗焦虑。对严重、有强烈自杀企图的抑郁患者可用电抽搐治疗。心理治疗可配合药物治疗进行，要取得患者的合作与信任。轻型抑郁患者易被误诊为神经衰弱，直到出现自杀行为才发现，因此，要早期识别抑郁症状，减少消极情绪和隐蔽的自杀行为。抑郁患者痊愈后要预防复发，抗抑郁药至少要维持 6 个月，再逐渐停服，并每 2 个月复查一次，监测血浆锂浓度，及时服用锂盐，直至观察半年无复发。

3. 精神发育迟滞与特殊训练

精神发育迟滞又称智力低下或弱智，它不仅影响青少年的学习与发展，也影响到今后的生活和就业，因此，受到广大教师和家长以及社会的格外关注。精神发育迟滞是指现存的总智力功能显著低于平均值，并在发育时期表现出适应行为的异常。

精神发育迟滞是导致人类残疾的主要原因，也是社会严重问题之一。由于诊断标准和调查方法不同，各地患病率报导不一。世界卫生组织报告，中度与重度精神发育迟滞的患病率为 4‰，轻度的为 30‰；我国 1982 年调查报告，总患病率为 3.33‰，7～14 岁儿童的患病率为 5.27‰；1987 年全国第一次残疾人抽样调查报告，智力残疾儿童总数超过 600 万，6～14 岁智力残疾儿童少年约有 427.96 万人。精神发育迟滞流行总的趋势是：农村高于城市，男性多于女性，学龄期儿童多见。

精神发育迟滞的病因很多，从年龄发展序列上看，有生前、围产期和生后的原因；从遗传与环境角度看，有生物、心理行为和社会等多种原因。总的讲，精神发育迟滞并不是单一因素作用的结果，而是多种因素综合作用所致。

生物病因主要是指出生前的一些遗传病因和围产期母子的感染等因素。遗传是本病最重要的病因，如近亲配婚、染色体异常和遗传代谢病等，会导致先天愚型和苯丙酮尿症几种类型的精神发育迟滞；母亲妊娠前三个月的感染对胎儿影响最大，如风疹病毒、巨细胞病毒和梅毒螺旋体的感染等，对胎儿神经系统发育极为不利；儿童早期中枢神经系统的感染，各种脑炎等均会给儿童脑的发育带来隐患；另外，母亲的妊娠年龄也是一个不容忽视的因素，如妊娠年龄在30岁以下时，先天愚型发生的可能性小于0.1%，35岁时为0.33%，40岁时为1%，45岁以上高达2%；母亲过于年轻或父亲在50岁以上时所生子女患病的可能性也很大。

母亲的心理行为对患儿有一定影响。调查表明，母亲孕期大量饮酒会导致孩子智力低下、发育迟缓和学习困难；母亲孕期头3个月吸烟对胎儿的影响更大，孩子不仅早产、身材矮小、阅读能力差，而且死亡率高；母亲用药与吸毒使儿童头围小，弱智发生率高；孕期的负性生活事件和不良情绪反应对胎儿也有重要影响，妊娠前后情绪极度紊乱和精神过度紧张可能影响卵巢功能，以致细胞染色体不分离，发生胎儿畸形。

不良的社会环境对轻度精神发育迟滞起着决定作用，如贫困、子女多、出生间隔短、居住拥挤、父母文化程度低、生活教养环境差、受教育机会缺少、营养不良、环境污染与缺碘等。据报导，南京市某家庭由于父亲的偏执人格，将三位子女多年反锁在屋内，以免受外界侵害，结果导致孩子社会文化剥夺，发生严重的智力迟滞。母孕期营养缺乏，会使胎儿脑细胞发育不良；环境中放射线的损害、铅和汞等重金属的污染、产伤和婴儿窒息、早期脑外伤等都与精神发育迟滞相关；某些地区水土中缺碘，使儿童患甲状腺肿和呆小病的可能性增加；边远地区落后的经济条件、不良的风俗习惯、医疗保健服务缺乏等均是可能原因。

根据精神发育迟滞儿的智商和社会适应能力的不同水平，可以把患儿分成几种等级（参见表10-1）。

表10-1　精神发育迟滞分级

临床分级	IQ～CCMD	ADQ	IQ～教育分级
边缘智力	84～70	—	75～50 能教育
轻　度	69～55	69～55	
中　度	54～40	54～40	50～25 能训练
重　度	39～25	39～25	
极重度	<25	<25	<25 监护

IQ——智商　CCMD——中国精神疾病分类　ADQ——适应行为商数

由上表可见，教育分级与临床分级有所不同，教育工作者更关心边缘智力和轻度智力低下的儿童，他们人数众多，只要实施正确的特殊教育，可以获得较好的教育效果。“能教育”是指通过教育能使患儿学到一些专业技能；“能训练”是指通过训练使患儿可以获得基本的自我帮助技能和简单的发声技能，但进步有限；“监护”是指患儿需要他人大量帮助与护理，常常是住院患儿。

轻度精神发育迟滞的患儿占全部精神发育迟滞的75%～80%，因其智力缺陷程度较轻，不易被识别。躯体发育和神经系统无明显异常，语言发育迟缓，但仍有一定表达能力，可用社会交往语言，往往在幼儿园后期或入学后，才被发现学习困难，领悟力低，分析综合能力欠缺，思维较简单，经过努力勉强可达到小学毕业水平，有一定社交能力，个人生活能自理（进食、清洗、穿衣、大小便），能从事简单的劳动和技术性操作，学习能力和社会适应能力较正常人差，接受学校教育困难，计算读写能力和应用抽象思维显著困难，但通过特殊教育可使他们智力和社会适应能力得到提高。

中度精神发育迟滞的患儿约占全部精神发育迟滞的12%，患儿语言、运动功能发育和运动技巧能力明显落后于正常儿童，词汇贫乏，不能完整表达意思，理解能力差，学习能力低下，生活自理困难，经过耐心训练可以从事简单的非技术性工作，少数患儿伴有躯体发育缺陷和神经系统异常体征。

重度精神发育迟滞的患儿约占全部精神发育迟滞的7%～8%，患儿语言功能明显障碍，不会讲话或仅发出个别单音，不能理解别人言语，运动功能发育受限，严重者不能坐立和走路，日常生活均需别人照顾，不知危险，无防御功能，不能接受学校教育，不能接受训练以学会简单技能，生活不能自理，缺乏社会行为能力，常伴有脑部损害、脑瘫、癫痫、先天畸形和神经系统异常体征。

极重度精神发育迟滞患儿只占全部精神发育迟滞的1%～2%，患儿完全没有语言能力，对周围环境和亲人不能认识，仅有原始情绪反应，如以哭闹和尖叫表示需求食物或不乐意，有时出现暴发性攻击行为和破坏行为，缺乏生活自理能力，全部生活需人照料。大多数患儿伴有先天畸形、神经系统异常体征和癫痫发作。

精神发育迟滞患者除智力低下和适应能力缺陷外，常伴有躯体方面的异常征象，如生长发育迟缓，身高和体重偏低，头围小，有特殊面容，皮肤毛发异常，身体有异常气味，肢体运动障碍，先天畸形，听力和视力障碍等，脑电图也有异常改变。患儿也呈现一定的心理活动特征。语言发育迟缓，思考和领悟力迟钝，缺乏抽象概括能力和推理判断能力；感觉缓慢，范围狭窄；注意力不集中，不持久，注意广度明显狭窄，记忆力差，识记速度慢，再现不准确；情感表现幼稚，不准确，情感体验简单肤浅，情感调节功能薄弱，易激动兴奋，缺乏自控，胆小，孤僻，害羞，退缩；运动常常不协调，体型不匀称，动作笨拙，有时活动过度，肢体残疾患儿行动困难，经常出现无意义的动作，如摇动身体，撞头，咬手，磨牙，兴奋吵闹，怪声叫喊，撕衣服，扯头发，玩弄生殖器，自伤行为等；可伴有攻击破坏行为和反社会行为；患儿的个性形成困难，不成熟，易受暗示和他人唆使导致违法犯罪。

精神发育迟滞根据病因和表现，在临床上分各种类型，常见的有以

下几种：一是苯丙酮尿症，它是氨基酸代谢障碍性疾病，由于先天性苯丙氨酸羟化酶缺乏，使体内苯丙氨酸不能转变成酪氨酸，苯丙氨酸增多后影响脑发育。患儿出生后数周，出现呕吐、易激惹、湿疹、身体有异常气味、头发枯黄、皮肤及虹膜色素变淡、肌张力增高、智力发育障碍等，常常伴有癫痫发作。本症的诊断主要是根据临床表现和生物化学检查来确定。在预防上主要是进行新生儿筛查，早期发现，应在出生后 2～3 个月开始采用特制的低苯丙氨酸乳制品进行喂养，一直持续到 4～5 岁，以防智力障碍发生。

二是先天愚型，又称 21－三体综合征或 Down 氏综台征，是常染色体畸变所致。母亲生育年龄越大，分娩患儿的风险越高，与父亲的高龄也有关系。患儿表现为生长发育迟缓，矮小，头小而圆，眼裂明显外上斜，两眼间距宽，耳小位置低，鞍鼻，裂纹舌，颈短，四肢韧带松弛，手短而宽厚，小指指骨发育不良，常伴有先天性心脏病和脐疝等。对本病尚无较好的治疗方法，要强调预防，作好产前诊断与咨询。治疗上以长期耐心的特殊教育训练为王。

三是克汀病，又称呆小病或先天性甲状腺功能低下，主要是因缺碘而引起患儿先天性甲状腺发育异常，临床表现为新生儿期喂养困难，不会吸吮，呕吐，腹胀，脐疝，多睡少哭，骨龄延迟。如不及早治疗，可产生严重生长发育障碍和智力低下，体格发育迟缓，身材矮小不匀称，伴有瘫痪、运动功能不良、言语障碍和听力障碍。克汀病根据临床表现以及 X 线和甲状腺功能的检查来确诊。本病强调早期发现，用甲状腺制剂治疗，可减少中枢神经系统和智力的损害。还要注意补碘，对患儿进行特殊教育等。

四是脆性 X 综合征，是 X 染色体的病变，患儿表现为智力低下，男患儿多见、症状重，女患儿症状轻。患儿有特殊面容，如长脸，头大，前额及下颌突出，腭弓高，手大，足大，语言迟滞，行为异常，男患儿有巨大睾丸，常伴有癫痫。此症预防可通过羊水检查进行产前诊断与终止妊娠；治疗上采用叶酸治疗。

不常见的精神发育迟滞临床类型有先天性卵巢发育不全（Turner 氏

综合征）、先天性睾丸发育不全（Klinefelter 氏综合征）等，都是染色体的病变所致。治疗上尚无满意的方法，要强调预防，作好产前诊断。

精神发育迟滞的诊断是一个科学的评估过程，需要根据一定的要求和依据，由医师和心理学家来诊断，教师和家长可以为诊断提供有价值的信息。诊断的一般要求是，要强调早期发现，明确是否为智力低下，并分析病因，判断神经系统损害和智力低下的程度，还要为治疗、教育和特殊训练提供指导方针。精神发育迟滞的诊断依据包括三方面：一是有详细的病史，要了解家族遗传史，是否为近亲配婚，母孕期的高危因素，分娩年龄，疾病史和缺陷等；二是要进行系统的临床检查，包括神经系统检查、精神检查、生物化学和实验室检查，如脑电图、CT 等；三是进行心理学诊断，包括发育评估、智力测验和社会适应能力评定。

我国精神疾病分类提出精神发育迟滞总的诊断标准有三个：在发育成熟前起病；韦氏智商低于 70；有不同程度的适应困难。还提出了不同程度精神发育迟滞的诊断标准：

（1）边缘智力：智商 70～84；抽象思维能力减退，思维的广度、深度与机敏性较差；不能完成高级和复杂的脑力劳动。

（2）轻度精神发育迟滞：智商 55～69；学习成绩较差，在普通学校学习时常不及格或留级，或工作能力较差，只能完成较简单的手工操作，能学会一定的谋生技能及家务劳动；能自理生活；无明显言语障碍。

（3）中度精神发育迟滞：智商 40～54；不能适应普通学校学习，只能计算个位数加减法；可从事简单劳动，但质量差，效率低；可学会自理简单生活，但常需督促和帮助；能掌握日常生活用语，但词汇贫乏。

（4）重度精神发育迟滞：智商 25～39；不能学习和劳动，不会计数；生活不能自理；言语功能严重受损，不能进行有效的语言交流。

（5）极重度精神发育迟滞：智商在 25 以下；社会功能完全丧失，不会逃避危险；生活完全不能自理；言语功能缺失。

智力测验是诊断精神发育迟滞的主要依据之一。目前常用的智力量表或测验有儿童智力量表（WISC）和韦氏成人智力量表（WAIS），中国比奈测验、绘人测验和瑞文推理测验等。以下用韦氏儿童智力量表作一说明。

WISC 适应于 6～16 岁儿童青少年，已由我国学者引入应用，并建立了中国常模。它包括言语和操作两个分量表，各有 6 项分测验。

常识分测验是测查一般知识性问题，要求被试用几句话或几个数字回答，问题从易到难排列，涉及范围很广。韦氏认为智商越高，兴趣越广泛，好奇心越强，获得的知识就越多，常识还可反映长时记忆的情况。

类同测验又称相似性测验，即让被试区分物体、事实和观念之间的相似性，它测量个体的逻辑思维能力、抽象思维能力、分析和概括能力。

算术测验即让被试做算术题，简单项目是加减运算，难的项目需要对问题进行分析并运用两种以上的算术运算。它测查被试基本的数理知识和数学思维推理能力。数理概念是随年龄发展的，因而最能体现智力的发展。

词汇测验是让被试通过视觉和听觉，对呈现的字词给出定义和解释，它测查被试的词汇知识和与一般智力有关的能力，包括抽象概括能力。

领悟测验要求被试能够理解，简单的题目是测常识，难的题目是测对社会和文化传统的了解。它主要是测查被试实际知识、社会适应能力和组织信息的能力，反映被试对社会价值的取向、风俗、伦理道德是否理解和适应。

数字广度测验由两部分组成，即顺背和倒背所呈现的一系列随机组合的不断增大的数字，主要测量记忆力和注意力，以及理解能力。

填图测验要求被试回答图像中缺少的重要成分，主要测查记忆、细节注意能力、视觉敏锐性、知觉操作技巧。

图片排列分测验是给被试呈现一组图片，有意打乱图片的顺序，要求被试重新排列图片，使之组成一个有意义的故事。它测量广泛的分析综合能力、观察因果关系的能力、社会计划性、预测能力和幽默感等。

积木图案分测验是给被试呈现一些红白相间的几何图案卡片，要求被试用积木照样摆出来。它测量视知觉、分析能力、空间定向能力和视觉一运动综合协调能力等。

拼图测验是将零散的拼板呈现给被试，要求他们拼出一个完整的人或物体图形。它测量被试的思维能力、注意力、持久力和视觉综合能力。

译码测验即让被试在一系列随机排列的几何图形内作正确的记号，或作数字记号，测量被试的注意力、简单感觉运动的持久力、建立新联系的能力和速度，它与被试的性别、性格和个人缺陷有关。

迷津分测验由纸笔迷津组成，要求被试从迷津图中找到正确出路，笔不能离开纸，避免进入盲巷，限时完成。它测量知觉运动技术、运动速度、视觉计划和抑制冲动反应的能力。

WISC的计分要根据测验指导书上的操作说明进行，一般是将各测验得分累加得粗分，再转换成量表分，经查表得总智商（FIQ）、言语智商（VIQ）和操作智商（PIQ）。一般人群智商的平均范围为85～115分，如低于70分，要作适应行为的测查，以确定是否智力低下。

适应行为是个体有效地应付社会环境的行为，具体表现在个人的生活能力、定向能力、与环境交往能力、参加社会活动的能力和自律能力等方面。适应行为的评定是精神发育迟滞诊断的重要组成部分。过去很长一段时期都是运用描述性的方法来进行评定，主要描述四个方面：一是自理能力，即日常生活中的饮食穿衣、大小便的自理能力等；二是交往能力，即实物命名、讲述内心体验、表达需要的能力和领会他人的指示和要求以及了解他人的能力；三是社会化技能，如游戏和作出社会反应等；四是职业技能，具有各种运动技巧和站立行走的平衡。后来，逐渐采用了标准化的评估方法。我国学者编制了中国儿童适应行为评定量表，共有59个项目，分8个分量表和3个因子，采用适应行为商数（ADQ）对儿童适应行为水平进行划级，它与韦氏智测结果密切相关，有较好的临床实证效度，可作为弱智儿童智力评估的辅助方法。

精神发育迟滞一旦形成，不仅治疗周期长，效果差，还会影响孩子的发展，给家庭带来不幸，给社会增加负担。因此，强调预防是明智之举。预防措施包括以下几方面：一是要加强优生的立法和宣传教育。提倡优生，是预防精神发育迟滞的重要措施。我国目前虽没有一部专门的优生法，但与优生相关的法律却不少，如《婚姻法》《母婴保健法》《残疾人保障法》等，要认真贯彻实施这些法规条例，加强全社会的宣传教育，禁止近亲结婚，避免高龄妊娠，开展遗传咨询服务等。二是搞好围产期保健。要预防围产期中一些有害的因素对胎儿的影响，防止感染和物化刺激，避免用药，戒除烟酒；要加强产前诊断，发现异常须及时终止妊娠；分娩前后作好护理，避免婴儿脑部外伤或窒息；加强新生儿保健，提供合理营养和良好的早期教育环境。对精神发育迟滞的治疗主要是强调以教育训练、照管和康复为主，以药物治疗、对因治疗为辅的方针。行为治疗方法可用于精神发育迟滞患儿。在药物治疗上，主要是促进脑发育，以增强智力，如使用谷氨酸、脑复康、脑复新、脑磷脂、γ—氨酪酸等药，疗效不肯定，脑活素有一定疗效。还可用叶酸、脑移植和基因治疗等方法。要强调对因治疗，如对苯丙酮尿症可进行早期的饮食治疗，对克汀病进行甲状腺素治疗，对颅脑畸形者采用手术治疗等。

特殊教育是精神发育迟滞治疗最重要的措施。我国特殊教育近几年迅速发展，国家推行的是“以一定数量的特殊教育学校为骨干，以大量的特殊教育班和残疾儿童随班就读为主”的特殊教育发展方针，对精神发育迟滞儿童的教育培养目标是：认真贯彻德、智、体、美全面发展的方针，从弱智儿童身体和智力的实际情况出发，对他们进行相应的教育、教学和训练，有效地补偿其智力和适应行为的缺陷，为使他们成为有理想、有道德、有文化、有纪律的社会主义公民、适应社会生活、自食其力的劳动者打下基础。

对轻度精神发育迟滞儿童的目标是：培养基本能力，掌握小学程度的文化知识和技能，有一定的生活自理能力，注意个人卫生，有一定的了解环境的能力；培养良好的思想品德和个性，有克服困难的毅力，有集体主义精神和荣誉感，情绪较稳定；培养适应社会的能力，学会管束自己，参与社会活动，能尊重别人，友好相处，有一定社会责任感和经济观念，学会一定的劳动技能。

对中度精神发育迟滞儿童的目标是：着重体力和心理能力的康复和补偿，培养良好的思想品德、习惯、社会适应能力和劳动技能，尽量生活自立。要学会关心他人和集体，遵守纪律，讲礼貌，爱清洁，生活自理，做事有始有终，学会与他人友好相处，及时改正不良行为；学会照顾个人起居饮食，激发对环境事物的兴趣，处理日常生活中的简单问题，学会一二种简单劳动技能。

对重度精神发育迟滞儿童的目标是：生活尽量自理，减少他人监护，能过半独立的生活。

对精神发育迟滞儿童的教育训练通常要遵循一定的原则。一是早期干预原则，即尽量早期发现，早期干预，从婴幼儿时期起就进行系统的感知、动作和语言学习训练。二是直观性原则，可利用活动、游戏、实物教具、影视、参观等多种方式，使教学趣味化，让患儿亲身实践，学有兴趣。三是因材施教原则，每个患儿的个体差异大，教育训练要因人制定学习计划，使每名患儿的学习潜力充分发展。四是小步调原则，要把训练内容分解成若干细小步骤，再一步步有计划地训练，使患儿有成功的体验，减少失败感。五是巩固性原则，知识与技能的学习需要反复练习，不断巩固，精神发育迟滞儿童识记缓慢，遗忘快，要及时复习，方式新颖多样，合理分配复习时间。

精神发育迟滞患儿的教育训练主要内容与方法如下：

(1) 感知觉与动作的发展训练。感知觉训练包括视、听、触、味、嗅等方面，可通过游戏等多种形式，让弱智儿参与活动，使各种感知觉得到良好的刺激，并训练四肢协调、手眼协调能力，如让孩子玩过家家，唱歌跳舞，堆积木，多进行一些户外活动，增强对大自然的感受力。要使用色彩鲜艳、主题突出的图形材料培养其观察力，记忆的内容不要太难，而是他们生活熟悉的事物，要通过奖励激发弱智儿的学习动机，提高学习兴趣。对孩子表现出的每一点进步都要及时肯定和鼓励。

(2) 加强语言学习。弱智儿的语言发育迟缓，同时存在着多种构音与发声障碍和节律异常等。因此，应根据不同情况采取针对性的训练方法。语言是习得的，2～3 岁是学习口语的最佳时机，要抓住机会，结合具体实物，多与孩子交流，增加词汇量。对语言发育迟缓的矫治可采取以下步骤：先让孩子听音，倾听环境中的各种声音，再模仿成人发音，然后听音指物，指图说名称，最后进行口语对话、念儿歌等。

(3) 提高生活自理能力。弱智儿生活自理能力差，改变这种状况的

办法是，父母不要事事包办，也不要觉得教育孩子太麻烦而失去耐心，要把一个个生活技能分解成若干个动作，让他们逐步学习掌握。比如刷牙，可分解为几个步骤：用杯子盛水－拿好牙刷－打开牙膏盖－挤出牙膏－刷牙，每天反复一个步骤一个步骤地训练，直至掌握刷牙的技能。

（4）进行正常的同伴交往。弱智儿同伴交往受限，应当创造条件，让他们多和正常儿童交往玩耍，从同伴交往中模仿学习正确的行为举止，培养良好的情感和个性品质。家长要参与指导，让孩子懂得分享玩具与食物，学会自控，帮助他人，发展社会适应能力。

对精神发育迟滞患儿进行及时的家庭训练和照护，也是干预的重要组成部分。家长应该及时调整心态，正视孩子的精神发育迟滞状态，积极开展家庭的训练和照护。对孩子的期望要从实际情况出发，将短期目标和长期目标相结合，把期望变成孩子自身的愿望，激发他的学习兴趣和积极性。要让孩子充分接触周围环境，训练中明确任务，要求具体，并及时检查督促，适当指导，对取得的每一进步都要充分肯定或赞许，让孩子多得到成功的喜悦。家庭训练的方法以游戏法为主，配合演示、实物操作、口头提示、对比以及表扬惩罚等行为疗法。需要强调的是，家长一定要有耐心，要充分利用时间对孩子进行长期的教育训练，还要细心，仔细观察孩子的每一点成绩和问题，善于表扬，严格要求，家长还要以身作则，做好行为的示范与榜样。家庭训练的具体内容参见表10-2：

表 10-2 精神发育迟滞儿童的家庭训练基本内容

训练类别	基本内容
1. 感知觉训练	
视觉	分辨力，视觉控制，视觉记忆，区别主题与背景；
听觉	分辨声音，听觉记忆，听觉顺序；
触觉	通过手指触摸物体和人物；
味觉	分辨食品味道和特性；
嗅觉	辨认物体的不同气味；
时空	对时间和空间的估量，对自身与空间关系的感知，机体感觉；
2. 动作协调训练	
粗大动作	立，坐，行，跑，上下楼，跳跃，翻滚，投掷和攀登等；
精细动作	抓握物体，双手配合，手部操作，手眼协调，绘画写字等；
3. 语言训练	
语言理解	注意力，语言的视听觉，概念建立，符号理解，口语理解；
语言表达	模仿发声，逐步运用单词，双词和句子；
书面语言	认识汉语拼音和简单文字，学习执笔运笔，学会简单应用文；
4. 生活自理训练	
大小便	控制大小便，学会上厕，培养卫生习惯，能使用厕所设备；
饮食	进食技能，使用食具，卫生习惯，认识食物种类、加工和购买；
穿衣	学会穿衣，辨别服饰，会整理衣物，会简单打扮；
梳洗	会洗脸，洗头，洗手脚，洗澡，定期剪指甲，会用手帕；
睡眠	认识床上用品，学会卧床起床步骤，养成良好睡眠习惯；
安全	家庭生活安全知识，交通和户外活动安全，简单救护知识。